Dream Team

IMPULSA

Ludovic Girodon
Dream Team

Los secretos para gestionar el mejor equipo

Traducción de Nuria Viver Barri

IMPULSA

Título original: *Dream Team. Les meilleurs secrets des managers pour recruter et fidéliser votre équipe idéale*

© Hachette Livre (Marabout), 2024

Primera edición: mayo de 2026

© de la traducción del francés, Nuria Viver Barri, 2026

© Edicions 62, S.A., 2026
Ediciones Península,
Diagonal 662-664
08034 Barcelona
edicionespeninsula@planeta.es
www.edicionespeninsula.com

REALIZACIÓN PLANETA - fotocomposición
Depósito legal: B. 25.109-2026
ISBN: 978-84-1100-515-9

Printed in Spain - Impreso en España

A Benjamin, que vela por nosotros
desde lo alto de su montaña

Índice

TERCERA PARTE
EL *ONBOARDING* PERFECTO

CUARTA PARTE
EL MÉTODO DREAM PARA TRANSFORMAR
A TU EQUIPO EN DREAM TEAM

¡Bienvenido a mi Dream Team!

Tengo dos grandes pasiones profesionales: la iniciativa emprendedora y la gestión empresarial.

He tenido la suerte de trabajar en puestos de mánager como asalariado en diferentes sociedades, desde estructuras muy pequeñas hasta grupos muy grandes, pasando por el tamaño intermedio. También he vivido la gran aventura de la creación de una empresa.

Todas estas experiencias me han conducido hacia la misión en la que me concentro: ayudar a los mánagers y colaboradores a trabajar mejor juntos.

¿Por qué empecé a interesarme por este tema? El siguiente dato nos servirá para ilustrar la importancia del problema: un asalariado de cada dos que dimite de su puesto no deja su empleo, sino que, en realidad, deja a su mánager.

Esto significa que, si eres mánager, tienes toda la razón en interesarte por el gran tema de las técnicas de dirección y gestión de empresas... ¡Si eres «manageado», también!

Ahora tienes este libro en las manos. ¡Por lo tanto, podemos decir oficialmente que formas parte de mi Dream Team! Y me alegro de ello.

Lo que llamo mi Dream Team, son todas las personas como tú que quieren que N+1 ya no sea nunca más igual a 0.

Las ganas de unir a estas personas y de buscar con ellas los mejores métodos de gestión es lo que me ha conducido a escribir este libro.

Lo publiqué en un primer momento como autoedición y, evidentemente, no me esperaba que se convirtiera, en unos meses, en un *best seller* y que se mantuviera en cabeza de las ventas durante años.

El éxito de este libro ha sido el trampolín para afianzar el proyecto de ayudar a los mánagers y los colaboradores a trabajar mejor juntos. Cumplo esta misión a través de las conferencias que doy de una punta a otra de Francia y de la «Dream Team Academy», un organismo de formación que orienta a cientos de mánagers cada año.

Mi enfoque de la gestión de empresas pretende ser accesible, eficaz y pragmático, pero también profundamente humano.

Estoy íntimamente convencido de que podrían evitarse muchas pérdidas de talento en la empresa si los colaboradores estuvieran conectados con sus verdaderas capacidades. Responsabilización, valorización, apoyo, sentido y confianza son nociones que permiten tender hacia el ideal del compromiso.

Un competidor siempre podrá copiar tus productos o tus procesos, pero nunca la pasión que pongan tus equipos en su trabajo diario si están comprometidos.

Si tienes preguntas, un proyecto de conferencia o de formación, algo que te gusta o algo que te disgusta sobre el libro, escríbeme directamente: **ludovic@dreamteam-academy.fr.**

Respondo a todo el mundo.

Manual de instrucciones

Lo sabes muy bien, es importante definir el marco cuando se es mánager.

Así que, antes de entrar de lleno en el tema, voy a prestarme al juego para que puedas aprovechar al máximo la lectura en la que te dispones a sumergirte.

Seré breve: estas son las cuatro indicaciones o tendencias que espero que te guiarán en su lectura.

1. He pensado este libro para que sea lo más concreto y accesible posible. Pero no lo leas necesariamente en línea recta. Los zigzags podrían posibilitar que te inspiraras en prácticas que responden a una problemática a la que te enfrentas en este momento. Considéralo como un guía al que puedes acudir regularmente para hacer frente a las diferentes situaciones que te encuentres.

2. No te sientas obligado a aplicar a tu equipo uno u otro de los consejos que doy utilizándolos como un «copipega», tal cual. En efecto, quizá tendrás que adaptar algunas prácticas que te llamen la atención

en función de tu contexto, tu personalidad o la cultura de tu empresa.

3. Aunque más de un mánager de cada tres en Francia es una mujer, era complicado hacer la concordancia de cada frase del libro a la vez en masculino y en femenino. Por lo tanto, no veas en ello ninguna marca de sexismo, sino simplemente una manera de facilitar la lectura. Por otra parte, aprovecho para señalar que no tener una paridad perfecta en los perfiles de nuestros mánagers es un gran problema que debe resolverse con urgencia.

4. Este libro a veces trata temas sensibles, como el hecho de prescindir de ciertos colaboradores. Los consejos citados en estas páginas no tienen en cuenta tu marco jurídico y legal. Antes de actuar, pide ayuda a los profesionales del derecho laboral.

> Te encontrarás regularmente con cuadros de este tipo en el libro. Contienen anécdotas que tienen por objeto alimentar tu cultura general de gestión de empresas, hacerte reflexionar o simplemente arrancarte una sonrisa.

Buena lectura,

LUDOVIC

Glosario del mánager

Utilizar el inglés cuando se habla de gestión de empresas es mucho más *shiny* ('luce más').

¿No has captado el sentido de esta frase? Tranquilízate, es normal. Simplemente significa que el universo de la gestión de empresas está plagado de jerga o anglicismos..., porque, a menudo, tenemos la debilidad de creer que ciertas expresiones causan más efecto en inglés que en español. Soy la primera víctima de esta evolución de la lengua (el título del libro da testimonio de ello...) y he decidido asumirlo.

Así que he elaborado este glosario, que retoma expresiones atípicas recurrentes para ayudarte a orientarte en la jungla verbal de la gestión empresarial.

Desafiar: desafiar una idea, un plan de acción o qué sé yo qué otra cosa es un gran clásico en la jerga del mánager. Simplemente significa poner en duda la idea o el plan de acción para asegurarse de que no pueden mejorarse.

Colaborador: espero que te guste esta palabra, porque aparece más de cuatrocientas veces en el libro. Designa a un miembro del equipo de un mánager. «Trabajador» o «empleado» son otros sinónimos que, a veces, se emplean en el mundo de la empresa.

Descendente: en la jerga del mánager, la palabra «descendente» se aplica a un intercambio que tiene lugar en sentido único entre dos interlocutores. Por ejemplo, una reunión muy descendente es una reunión en la que una sola persona habla y difunde informaciones.

Onboarding: se trata de un término inglés tomado de la aeronáutica que designa la fase de integración de un colaborador en la empresa.

Offboarding: al contrario que el *onboarding*, el *offboarding* corresponde a la fase de partida de un colaborador de la empresa.

Compartir: hay otra cosa que nos encanta hacer en materia de gestión empresarial, ¡compartir! Compartir un tema, una dirección... Se trata de un concepto procedente del inglés que se podría sustituir por «discutir de un tema» o «ponerse de acuerdo sobre el camino que se va a seguir».

Process: también es un anglicismo utilizado con mucha frecuencia en ciertos oficios. Podríamos sustituirlo por un término más español, como «proceso» o bien «procedimiento».

Elevar: en gestión empresarial, nos encanta «elevar» un montón de cosas: una información, un problema... En buen español, diríamos mejor «dar a conocer al mánager una información» o «señalarle un problema».

Primera parte

EL KIT DE SUPERVIVENCIA DE LOS MÁNAGERS

Un gran poder conlleva una gran responsabilidad.

Tío de Peter Parker (Spiderman)

1

La liga de los mánagers extraordinarios

«Un asalariado de cada dos no deja su empleo, deja a su mánager.»[1]

He pedido a un centenar de mánagers y «manageados» que me den su propia definición del mánager ideal. Lo tranquilizador es que los rasgos comunes, aunque descritos de manera muy diferente de una persona a otra, permiten dibujar un retrato robot. Pero no te preocupes, nadie es al cien por cien como este mánager extraordinario. Evidentemente, ni siquiera existe.

Utiliza esta lista para aprender a conocerte mejor como mánager: marca, para cada característica, si se trata de una «fuerza» o de un «eje de mejora». Marca la casilla «fuerza» solo si es un comportamiento que piensas que tienes de manera bastante natural o que los colaboradores ya te han atribuido en el pasado.

Al final de la lista, puedes anotar tus dos principales fuerzas y tus dos principales ejes de mejora. Después te invitaré, para cada uno, a incorporar una acción concreta que debes realizar para aprovechar mejor tus fuerzas y trabajar en tus ejes de mejora.

Piensas en tu equipo en primer lugar

Tu equipo es la máxima prioridad entre tus preocupaciones. En el trayecto para llegar a tu lugar de trabajo, no piensas en un proyecto en curso o en la cita con un cliente que tendrá lugar a las cuatro de la tarde. Piensas en Bertrand, Youssef o Sarah, tus colaboradores. ¿Cómo se sienten en este momento? ¿Qué necesitan para ser todavía mejores? Empiezas la jornada dando los buenos días y sintiendo su estado de ánimo, en lugar de atacar directamente la lectura de tus emails. Esto se ve también en tu agenda, que privilegia los rituales individuales y colectivos con tu equipo.

Para ti, esto es (marca la respuesta más pertinente):

☐ una fuerza   ☐ un eje de mejora

Intentas ser prescindible

Has comprendido perfectamente que es importante que tu equipo no dependa de ti. Intentas aumentar la eficacia de tus colaboradores para que puedan autogestionar un máximo de temas entre ellos. Compartes la información, el poder y el saber sin temor, porque has comprendido muy bien que esto te permitirá liberar tiempo para dedicarlo a temas de mayor valor añadido.

Para ti, esto es (marca la respuesta más pertinente):

☐ una fuerza   ☐ un eje de mejora

Te rodeas de un equipo mejor que tú técnicamente

No pretendes ser el mejor de tu equipo, intentas tener el mejor equipo. Eres consciente de que, si intentas ser el experto absoluto, mantendrás estancado a todo el mundo. Tu papel no es tener respuestas para todo y obtienes tu legitimidad de otras fuentes, como tu capacidad de escuchar a tus colaboradores, de valorizarlos y de hacerlos reflexionar. Has comprendido que, si te rodeas de personas técnicamente mejores que tú, destacarás haciéndolas destacar.

Para ti, esto es (marca la respuesta más pertinente):

☐ una fuerza   ☐ un eje de mejora

Marcas el rumbo

Representas la visión de la empresa y la aplicas hasta en las misiones de cada colaborador. Marcas el rumbo y acompañas a tus equipos para seguirlo. Consigues conciliar el hecho de tener una visión y asegurar a la vez una proximidad con tu equipo.

Para ti, esto es (marca la respuesta más pertinente):

☐ una fuerza   ☐ un eje de mejora

Transmites energía

Un colaborador sale sistemáticamente de tu despacho (o de una reunión contigo) con más energía que en el momento en que entró.

Para ti, esto es (marca la respuesta más pertinente):
☐ una fuerza   ☐ un eje de mejora

Identificas los talentos

No miras en primer lugar lo que no va bien en tu colaborador. Al contrario, te concentras en sus fuerzas para conectarlo con su talento y ayudarlo a desarrollarlo. Si se juzga a un pez por su capacidad de subir a un árbol, vivirá toda la vida creyendo que es un estúpido. Esta idea, que se atribuye a Albert Einstein, la has comprendido bien. Cuando un colaborador está conectado con su talento, no necesita que lo controlen, sino que lo apoyen.

Para ti, esto es (marca la respuesta más pertinente):
☐ una fuerza   ☐ un eje de mejora

Pones la evolución de tu equipo por delante de la tuya

En Francia, el 46 por ciento de los franceses consideran que su mánager tiene como principal motivación su interés personal, frente al 39 por ciento en Alemania y el 35 por ciento en el Reino Unido.[2] El problema es que los juegos políticos a menudo tienen lugar en detrimento de los equipos de colaboradores. En la empresa ideal, el mánager debería ser evaluado solo en función del rendimiento, la evolución y la visibilidad de sus colaboradores. Te concentras en el hecho de hacer crecer a tu equipo antes de pensar en tu próxima promoción. Creces haciendo crecer a los demás.

Para ti, esto es (marca la respuesta más pertinente):
◻ una fuerza   ◻ un eje de mejora

Eres ejemplar

Das ejemplo antes de mandar hacer algo. Te aplicas a ti mismo el marco que propones a tus colaboradores. Dices «Sígueme» en lugar de «Adelante».

Para ti, esto es (marca la respuesta más pertinente):
◻ una fuerza   ◻ un eje de mejora

Tomas el control cuando es necesario y te pones en segunda fila cuando es necesario

En los momentos difíciles, apoyas a tu equipo, lo proteges y pones manos a la obra. En cambio, sabes apartarte para poner por delante a los colaboradores que lo merecen ante los otros elementos de la empresa.

Para ti, esto es (marca la respuesta más pertinente):
◻ una fuerza   ◻ un eje de mejora

Eres valiente

De la misma manera que numerosas disfunciones en la sociedad proceden de una falta de valor político, muchas catástrofes humanas en la empresa se deben a una falta de valor gerencial.

Sabes compartir un *feedback* directo, prescindir de alguien rápidamente en caso de necesidad o dar un paso al frente para defender a tu equipo.

Para ti, esto es (marca la respuesta más pertinente):

☐ una fuerza   ☐ un eje de mejora

Te mantienes a la escucha

Quien sabe escuchar será alguien a quien se escucha. Has comprendido con claridad que los oídos son un arma si sabes abrirlos, mientras que la boca es una trampa si no sabes cerrarla. En una reunión individual con un colaborador, no hablas más del 30 por ciento del tiempo. Consigues controlar tu «diálogo interior», esa vocecita interna que, a veces, impide estar totalmente conectado con el interlocutor.

Para ti, esto es (marca la respuesta más pertinente):

☐ una fuerza   ☐ un eje de mejora

Eres humilde

«El perdón es la humildad del fuerte», decía Gandhi. El mito del mánager superhéroe ya no está de moda. Asumes tus dudas, tus debilidades y tus errores. Cuando los cometes, eres capaz de reconocerlos. No te da miedo mostrar tus fallos.

Para ti, esto es (marca la respuesta más pertinente):

☐ una fuerza   ☐ un eje de mejora

Das mucha importancia a la comunicación

La mayoría de los problemas de la gestión se deben a una falta de comunicación. Te tomas el tiempo de decir lo que haces. Aprovechas cada momento individual o colectivo para explicar y transmitir tus grandes mensajes.

Para ti, esto es (marca la respuesta más pertinente):

☐ una fuerza   ☐ un eje de mejora

Eres capaz de delegar

No te pasas la vida persiguiendo a tus colaboradores. Aceptas que alguien haga las cosas de manera diferente a como las harías tú. Confías y sueltas el control. Por ejemplo, tu mejor colaborador tiene la costumbre de hacerlo todo en el último minuto, pero esa no es tu manera de funcionar. Consigues dominarte para no cambiar su manera de trabajar y hacerlo sentir incómodo.

Para ti, esto es (marca la respuesta más pertinente):

☐ una fuerza   ☐ un eje de mejora

Gestionas bien el estrés

En los periodos tensos, consigues absorber la presión para no transmitírsela a tus colaboradores. Has comprendido que, para protegerlos, a veces tienes que dominarte y dejar el estrés en tu «trastienda».

Para ti, esto es (marca la respuesta más pertinente):

☐ una fuerza   ☐ un eje de mejora

Eres justo

Tener más afinidades con ciertos miembros del equipo que con otros es totalmente normal. Sin embargo, no caes en el error del favoritismo. No tienes, por un lado, a los «preferidos», con los que pasas todo el tiempo, y, por otro lado, a los «marginados» de tu equipo, de los que te ocupas muy poco. Consigues mantener una gestión justa y equilibrada en cualquier circunstancia.

Para ti, esto es (marca la respuesta más pertinente):

☐ una fuerza   ☐ un eje de mejora

Ahora escribe, en la página siguiente, tus dos fuerzas más evidentes, es decir, las acciones que haces de forma natural o por las que habitualmente te alaban. Para cada una, piensa en una acción concreta que podrías hacer regularmente para explotar todavía más estas dos fuerzas.

Haz lo mismo con tus ejes de mejora. Esto podrá ser tu hoja de ruta para acercarte un poco más a ese mánager ideal.

La lista de tus dos principales fuerzas procedentes de este retrato robot...

Fuerza 1:

Anota una acción fácil de realizar para explotarla mejor:

Fuerza 2:

Anota una acción fácil de realizar para explotarla mejor:

La lista de tus dos principales ejes de mejora procedentes de este retrato robot...

Eje de mejora 1:

Anota una acción fácil de realizar para trabajarlo:

```


```

Eje de mejora 2:

Anota una acción fácil de realizar para trabajarlo:

```


```

¡Basta de benevolencia mal aplicada!

Aunque está presente de manera implícita en cierto número de elementos descritos en las páginas anteriores, te habrás dado cuenta de que no he considerado la benevolencia como característica clave del mánager ideal.

En efecto, quería hablar con más detalle de esta noción, a veces desvirtuada, aunque vital, recordando lo que realmente implica. No debe ser sinónimo de laxismo ni de consenso biempensante que impida la progresión. Al contrario, ser benevolente es, sobre todo, decirse las cosas cuando todo va bien, pero también cuando van mal, de manera constructiva. Es ser auténtico y exigente con uno mismo y con los demás. ¡Por lo tanto, viva la benevolencia, pero sin complacencia!

Es fácil comprender que no existe ningún mánager ideal que corresponda al retrato robot descrito anteriormente. Pero no lo es tanto entender por qué nos encontramos con tantos colaboradores insatisfechos con su mánager.

Después de haber buscado al mánager perfecto, intentemos ahora comprender por qué existen tantos malos mánagers.

2

¿Por qué existen tantos malos mánagers?

En la empresa, igual que en la vida, es importante tener modelos que nos inspiren y estimulen nuestras ganas de parecernos a ellos. Pero también puede ser instructivo prestar atención a los «antimodelos». Sin duda, tienes en mente al peor mánager con el que te has topado en tu recorrido profesional y las consecuencias desastrosas que ha podido generar. Pues bien, convierte estos «malos» encuentros en una fuerza para guiar tus propios pasos de mánager en la dirección opuesta.

En 1970, dos pedagogos estadounidenses, Laurence Peter y Raymond Hull, expusieron un principio sobre la gestión empresarial, en un tono satírico, que después fue parcialmente validado por estudios universitarios: el principio de Peter.

Plantearon estas dos cosas:

1. un colaborador competente generalmente se promueve a un nivel jerárquico superior;
2. un colaborador incompetente no se promueve a un nivel superior, ni se degrada a su antiguo puesto.

Si tiramos del hilo de estas dos reglas, llegamos a la conclusión siguiente: un colaborador a menudo va a escalar posiciones en una empresa hasta alcanzar su umbral de incompetencia máxima y quedarse ahí. De esta manera, colaboradores muy competentes se convierten en incompetentes.

Podemos observar el principio de Peter en muchas situaciones. El mejor comercial de un equipo no forzosamente será el mejor director comercial.

¿Por qué?

Porque las competencias técnicas de un oficio no tienen estrictamente nada que ver con las competencias de gestión.

Por lo tanto, sí, el hecho de haber sido el mejor vendedor impone una legitimidad natural con respecto a los demás, pero está lejos de ser suficiente. Gestionar no es vender. Es inspirar, transmitir energía, revelar los talentos.

No obstante, en la mayoría de las empresas, se asciende a los colaboradores a mánagers según sus competencias técnicas o su antigüedad.

En muchos casos, un colaborador pasa a ser mánager por sus resultados personales e individuales, pero, una vez que llegue a mánager, su éxito se basará en el resultado de los demás. La competencia técnica con mucha frecuencia se revela como un falso amigo que engañará a los que ascienden a los no mánagers a mánagers.

Recuerda el principio de Peter para evitar reproducirlo. En la parte dedicada al aumento de competencias, se exponen técnicas que permiten contrarrestarlo, uno de los cinco pilares del método DREAM.

Un mánager puede ser un trampolín... ¡o un muro!

Unos hacen progresar mientras que otros infantilizan.

Unos escuchan mientras que otros imponen.

Unos unen mientras que otros dividen.

Unos ponen de relieve a su equipo mientras que otros se apropian de su trabajo.

Unos se cuestionan mientras que otros están convencidos de tener siempre razón.

Unos confían mientras que otros juegan a los polis.

Unos pasan el tiempo con su equipo mientras que otros están ausentes.

En definitiva: no todo el mundo está capacitado para ser mánager y eso no es grave. Lo grave es mantener en este puesto a alguien que no está hecho para eso. Puede causar estragos y anular talentos.

3

La pesadilla n.º 1 de los mánagers

Durante las conversaciones con cientos de mánagers, había una pregunta que me gustaba plantearles especialmente: «¿Cuál es la principal dificultad que tienes en tu vida cotidiana de mánager?». Una respuesta destacaba con mucha claridad sobre las demás: «¡La falta de tiempo!».

Un poco como el conejo en *Alicia en el país de las maravillas*, probablemente también corres todo el día entre peticiones múltiples, túneles de reuniones o montañas de emails que se acumulan en tu bandeja de entrada.

Lo que explica a menudo esta impresión de carrera contrarreloj permanente es que, sin duda, tienes dos gorras:

* una gorra «de mánager»
* una gorra «de operativo»

Lo que entiendo por gorra «de operativo» es que probablemente tienes temas en los que debes «producir», es decir, implicarte operativamente.

Quizá nunca has intentado llevar dos gorras al mismo tiempo, ponerte una sobre la otra en sentido propio, pero, igual que en sentido figurado, no es práctico.

En efecto, es complicado hacer juegos malabares a lo largo del mismo día entre la gorra de mánager y la gorra de operativo. Por desgracia, debido a la urgencia de la vida cotidiana, la gorra de operativo suele ser la que privilegiamos. Como resultado de las carreras, terminamos las jornadas agotados, con un equipo que se siente desatendido como guinda del pastel. Esto es lo que explica por qué, además del principio de Peter, existen tantos colaboradores decepcionados con sus mánagers.

Tu *North Star*

En el universo de las empresas innovadoras de California, los fundadores hablan a menudo de su *North Star Metric*, en referencia a la estrella polar. Designa el indicador más seguido internamente, al igual que una brújula, para saber si la empresa va en la dirección correcta. Cada empresa tiene la suya: puede ser el número de noches reservadas para Airbnb y el número de mensajes enviados por usuario para WhatsApp. Cada acción efectuada por un colaborador de la empresa debe permitir tener un impacto positivo en este indicador. Aplicar este concepto a la gestión del tiempo del mánager consiste en definir la propia *North Star*, es decir, el objetivo principal en su función actual. Una vez que la tienes en mente, puedes utilizarla como una brújula para arbitrar día a día aquello en lo que quieres invertir más o menos tiempo. Dedicar tiempo participando en una reunión en lugar de en otra, tratar en primer lugar este email recibido en lugar de este otro, privilegiar esa tarea y dejar de lado esa otra..., esta *North Star* te ayudará a concentrarte en lo esencial.

Para no estar solo ante el síndrome del «conejo de Alicia», estos son los cinco consejos que más me han confiado la mayoría de los mánagers para sufrir menos en el empleo del tiempo:

- Tener en mente cada semana de una a tres de tus grandes prioridades, que te harán decir el viernes por la tarde: «¡Esta semana, he avanzado realmente muy bien!». Y piensa que conseguir priorizar es, ante todo, conseguir despriorizar, asumiendo dejar de lado ciertos temas.
- Asegurarte de que tu agenda refleje concretamente estas grandes prioridades, con tiempos significativos reservados para tratar estos temas.
- Dejar cerrada la cuenta de email y no abrirla hasta ciertos momentos elegidos, en lugar de distraerte cada treinta segundos con el último mensaje que llega. Estos tiempos compartimentados para tratarlos te ayudarán a no dejarte avasallar por el flujo incesante de mensajes más o menos importantes.
- Saber decir no regularmente para evitar que demasiadas peticiones te aparten de tus propias prioridades. Ten en mente que la urgencia de los demás te aleja a menudo de lo que es importante para ti. Además, cuando dices no a alguien o a alguna cosa, es para poder decir sí a otra. Por ejemplo: decir no a tu participa-

ción en la reunión de marketing de las tres de la tarde, que no consideras indispensable, será decir sí a la idea de marcharte a una hora decente y ver a tus hijos por la tarde, una vez terminadas tus tareas prioritarias del día.

- Saber desde la mañana a qué hora concreta terminarás tu jornada de trabajo y organizarte en consecuencia.

El método MPR

Este método debería ayudarte a hacer limpieza en tu planificación. Cada viernes por la tarde, abre tu agenda de la semana siguiente.

Aplica estas tres acciones a cada reunión prevista:

M = Mantengo
Si sabes a ciencia cierta para qué sirve la reunión y sabes que eres indispensable, no hay nada que objetar, la mantienes.

P = Pregunto
Si no tienes una respuesta cien por cien clara a la pregunta «¿Para qué sirve esta reunión?», o no estás seguro de ser realmente indispensable, pide más información al organizador.

En el 90 por ciento de los casos, te liberará de la asistencia si él mismo no está totalmente convencido de que sea beneficioso para ti participar. Además, se lo pensará dos veces antes de invitarte a la próxima. Recuerda que leer el informe de una reunión de una hora generalmente toma un minuto.

R = Rechazo

Si sabes de antemano que no eres indispensable o si, después de haber pedido más precisiones, no estás convencido, simplemente rechaza la reunión y tómate el tiempo de explicar las razones a su organizador.

Rechazar dos reuniones de una hora a la semana representa noventa horas al final de un año, es decir, diez jornadas de trabajo. Da que pensar, ¿verdad?

La *slow week*

La *slow week,* o «semana lenta», es un ritual que permite recuperar el control de la agenda.

Su principio es simple: reservar una semana cada tres meses en la agenda para dedicar un máximo de tiempo a uno mismo.

Este ritual permite disponer de un periodo significativo para ver las cosas en perspectiva, trabajar en temas de fondo y avanzar en tareas que tendrán mucho impacto más adelante.

Durante esta semana diferente de las demás, evita e incluso rechaza todas las reuniones y las peticiones externas. Un poco como cuando estás de vacaciones, salvo que trabajas en otros temas.

Puedes modificar este ritual para encontrar el ritmo y el formato que mejor se adapten a tus objetivos. Por ejemplo, una variante puede ser el *slow day*, cada miércoles o viernes. En todos los casos, la razón de ser es la misma: sufrir menos el flujo infernal de la vida diaria para avanzar en temas de gran valor añadido para el futuro.

4

Siete mantras para no saltar por los aires

El mánager tiene un trabajo complejo que se parece a un ejercicio de funambulismo. Se pasa el tiempo perdiendo el equilibrio y después intentando recuperarlo. Hay que decir que esta función está repleta de lo que se llaman «órdenes contradictorias».

Veamos algunos ejemplos:

- ¡Personaliza tu enfoque colaborador por colaborador, pero no olvides tampoco al colectivo!
- ¡Protege a tu equipo, pero defiende las directrices de tu propia gestión!
- ¡Construye junto con los demás, pero no te olvides de decidir!
- ¡Gana perspectiva en temas a medio y largo plazo, y a la vez mantente disponible para los temas cotidianos de tu equipo!

Así que, para vivir mejor tu papel, te ofrezco aquí siete mantras que deben guiarte en tu vida diaria. Me los han recordado tanto en mis cientos de entrevistas para preparar este libro que te invito a imprimirlos y a colgarlos en tus locales.

Mantra n.º 1: El otro no es yo

En efecto, es de sentido común, pero, con las prisas del día a día profesional, a menudo nos olvidamos. Como mánagers, tenemos tendencia a partir del principio de que los demás piensan como nosotros, reaccionan como nosotros y tienen las mismas necesidades que nosotros. Pero, en la mayoría de las situaciones, esto no es así. Por lo tanto, no intentes jugar al mentalista, es decir, suponer o adivinar lo que pasa por la cabeza de tus colaboradores, pregúntaselo directamente. Esto te evitará muchas equivocaciones.

Mantra n.º 2: Equivocarse forma parte del juego

La gestión empresarial lo es todo salvo una ciencia exacta. La psicología humana ocupa el centro del proceso; por lo tanto, cometer errores forma parte del juego. Así que la clave no es intentar evitar equivocarse, sino saber reaccionar después de un error o una torpeza. Aceptar tus propias imperfecciones, saber pedir disculpas o cuestionarte te ayudará a gestionar mejor ese papel nada sencillo todos los días.

Mantra n.º 3: El aspecto operativo no lo es todo

Hablar del aspecto operativo con tus colaboradores, es decir, de los temas en los que trabajan día a día, es esencial. Es lo que hace «funcionar el negocio». Pero tu papel es ir con regularidad más allá de estas tareas cotidianas para comprender qué ocurre en su cabeza y en su corazón respecto a su tarea. Es lo que te permitirá ayudarlos en los verdaderos temas que cuentan a medio y largo plazo.

Mantra n.º 4: No podrás hacerlo todo

Hemos visto antes que la falta de tiempo a menudo es una gran dificultad que experimentan los mánagers. La cantidad de trabajo que tienen que hacer es casi ilimitado, mientras que las jornadas de trabajo no son extensibles. Visto desde este ángulo, la batalla contra la falta de tiempo parece perdida de antemano. Por lo tanto, la clave para recuperar el control es priorizar aquello a lo que quieres dedicar más tiempo. Aceptar que no puedes hacerlo todo y asumir «despriorizar» en beneficio de lo que cuenta más es otro gran principio que debe respetarse para evitar saltar por los aires.

Mantra n.º 5: Ve en busca de la contradicción

Como mánager, sin duda te fías a menudo de tu intuición. La intuición no es ni más ni menos que la suma de las experiencias pasadas, que tu cerebro «recupera» para intentar indicarte el mejor camino que debes seguir. El problema es que, cuanto más compleja sea la decisión que tienes que tomar, menos posibilidades tendrás de haber vivido ya una situación similar y, por lo tanto, tu intuición será débil. Por eso, los mejores mánagers han comprendido que es necesario ir en busca de la contradicción. No dudes en pasar un tiempo con los que no están de acuerdo contigo para probar tus convicciones escuchando sus argumentos. Esto te ayudará a tomar las mejores decisiones posibles.

Mantra n.º 6: No te agotes con los reticentes

Nos encontramos a menudo con tres categorías de colaboradores en un equipo:

- Los embajadores: tienen una actitud excelente, son positivos y tiran del equipo hacia arriba.
- Los neutros: no son especialmente fuertes en propuestas, pero siguen el movimiento.
- Los reticentes: con frecuencia refunfuñan, les cuesta aceptar los cambios y tienen tendencia a tirar del equipo hacia abajo.

El consejo que hay detrás de este principio es evitar perder demasiado tiempo con los reticentes en detrimento de los demás. En efecto, es clásico que esta categoría tenga demasiado peso en tu carga mental y te impida concentrarte lo suficiente en los embajadores y los neutros, y dedicarles un máximo de tu energía. Volveremos a hablar de estos temas en la parte «La matriz Dream Team» (p. 334).

Mantra n.º 7: No tengas miedo de repetirte

Con demasiada frecuencia, como mánagers, partimos del principio de que un mensaje transmitido en una reunión de equipo o enviado por email es plenamente comprendido por el conjunto de los colaboradores. Pero, la mayoría de las veces, no es así. Mal momento, mal canal utilizado, malas palabras empleadas..., las razones de este vacío entre el emisor y los receptores son numerosas. Comunicarse bien es, ante todo, saber repetir. Por escrito, verbalmente, de forma individual o colectiva, no vaciles en utilizar varios canales y formatos para asegurarte de que tus mensajes clave se transmitan bien. Nunca te pasarás en este tema.

Ahora ya estás bien equipado con estos siete principios. Si los aplicas a diario, vivirás mucho mejor tu papel que la mayoría de los mánagers. Pero, como complemento de estos mantras, existe otro aspecto que es muy importante no pasar por alto: la relación con tu propio mánager.

5

El arte de tratar con el mánager

Un gran dirigente estadounidense me dijo un día esta frase: «*If your boss is happy, you'll be happy too*». Traducción: «Si tu mánager es feliz, tú también serás feliz». Creo que tiene razón. En efecto, es complicado ver tu vida profesional de color de rosa si la relación con tu propio jefe no es fluida. Estos son los principales consejos que debes seguir para crear el mejor binomio posible con tu mánager.

No intentar cambiarlo

Céline Dion tenía razón: «No cambiamos».[3] En cualquier caso, no conseguirás cambiar a tu mánager. Por lo tanto, acepta sus defectos y concéntrate en sus cualidades. Por el contrario, no dudes en decirle si tiene comportamientos recurrentes que se oponen a tu forma de funcionar. Un ejemplo: «Sé que no te molesta hacer las cosas en el último minuto, pero es cierto que a mí me tranquiliza enormemente cuando todo se anticipa al máximo. Me voy a adaptar y dominarme, pero al menos tenlo en cuenta».

Hacerle estas tres preguntas

Más allá de tus simples observaciones y para ir un poco más lejos en el conocimiento de tu mánager, debes tener en mente su manual de instrucciones. Si piensas que él es el que tiene que adaptarse, vas mal. Para tener la mejor relación posible con él, parte del principio de que eres tú quien debe adaptarse a él. Esto te hará ganar mucho tiempo y te evitará muchas frustraciones.

Para comprender su famoso manual de instrucciones, te invito a hacerle estas tres preguntas:

- «¿Cuáles son las cosas que debo saber para comunicarme contigo de la manera más eficaz?» (Ejemplos: «No me gusta el teléfono» o «Me gusta cuando mis interlocutores van derecho al grano con palabras sintéticas»).
- «¿Qué puede molestarte en una relación profesional?» (Ejemplos: «La gente que llega tarde» o «Las personas poco fiables»).
- «¿Qué es lo más importante para ti en una relación mánager/colaborador?» (Ejemplo: «La transparencia, es decir, que nos digamos claramente lo que pensamos»).

Cuando interiorices las respuestas a estas tres preguntas, ya habrás recorrido la mitad del camino de una buena relación. Sin embargo, cuanto más opuesto sea su manual de instrucciones al tuyo, menos sencillo será. Pero considera estas diferencias de funcionamiento como un reto común que debes aceptar. Cuanto más compleja sea una relación humana, más fuente de aprendizaje será para la continuación de tu recorrido. El expresidente de la república senegalesa Léopold Sédar Senghor decía que «los hombres deben aceptarse diferentes y quererse complementarios», y es un hermoso resumen de la actitud que te invito a adoptar.

No jugar a los adivinos

En la empresa, existe la malevolencia, pero es más rara de lo que pensamos. Por ejemplo, un mánager que elude citar a un miembro de su equipo al hablar sobre un proyecto delante de toda la empresa no es necesariamente hostil. Quizá solo se ha levantado de mal humor. El problema es que, a menudo, tenemos una vocecita que nos hace imaginar lo peor cuando nos falta información. Y esta diferencia entre interpretación y realidad genera desconfianza y tensiones. Para evitar dejarse «pillar» por este reflejo natural, hay que conseguir desarrollar lo que llamamos la cultura de la intención positiva hacia el propio mánager.

En resumen, esto consiste en partir del principio de que tu mánager es torpe, sin duda, pero no malvado.

Después, hay que evitar jugar a los adivinos e ir a discutir de ello con el mánager. Háblale de tus eventuales frustraciones o pregúntale para comprender mejor lo que realmente tiene en la cabeza. Es responsabilidad tuya hacerlo. En efecto, a menudo hablamos del «valor del mánager», pero el «valor del colaborador» también es una noción importante.

Tener la actitud positiva

Lo sabes tan bien como yo, ser mánager es un papel difícil. Y cuanto más asciendes en la jerarquía, más pueden exacerbarse ciertas dificultades, como la carrera contra el tiempo o la sensación de soledad. Por lo tanto, debes adquirir la costumbre de ser un vector de buenas vibraciones.

Concretamente, esto significa:

- Pensar en compartir con él las buenas noticias del equipo, pequeñas o grandes.
- Nunca contarle un problema sin haber reflexionado antes en las soluciones.
- Darle las gracias cuando sea pertinente.
- Felicitarlo cuando sea pertinente.

Muchos colaboradores dicen que les falta reconocimiento por parte de su mánager. Pero, cuando pregunto a estas mismas personas cuándo fue la última vez que felicitaron o dieron las gracias a su mánager, raramente me dan respuestas precisas. «Seamos el cambio que queremos ver en el mundo», decía Gandhi. Aplicado a la relación mánager/colaborador, resumiría el sentido de esta cita diciendo que no debes esperar a que tu mánager te muestre el camino. Toma la delantera si es necesario y aplícate a ti mismo lo que te gustaría que tus colaboradores hicieran respecto a ti. Una relación la construyen siempre dos y es fácil hacer recaer la responsabilidad de la degradación de una relación que hace aguas en el otro.

Dejemos ahora la relación que tienes con tu propio mánager para volver a tu equipo a través de lo que llamo «las montañas rusas del colaborador».

6

Las montañas rusas del colaborador

Esta es la síntesis de una pregunta que he planteado a cierto número de mánagers: cuáles son, en su opinión, las grandes etapas de la vida de un colaborador en una empresa normal.

Las respuestas han conducido a la elaboración de este gráfico, que presenta las cinco grandes fases de las montañas rusas de un colaborador.

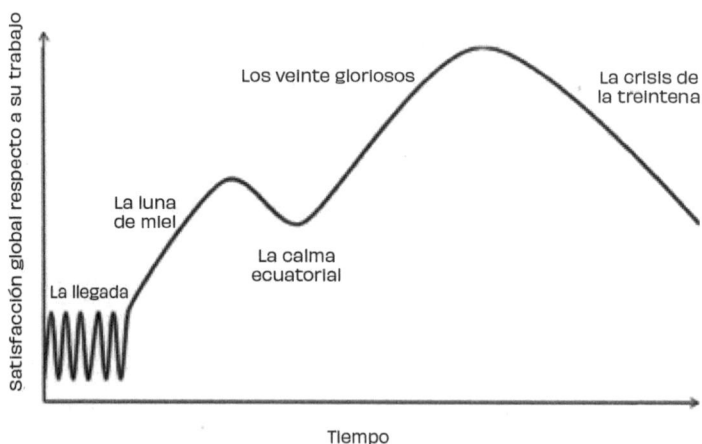

La llegada

La llegada, siempre estratégica, pero a menudo accidentada, es una fase constituida por altos y bajos para la mayoría de los colaboradores.

La luna de miel

Todo es bello y de color de rosa. Aún existen pocas expectativas respecto al rendimiento del colaborador, que se adapta tranquilamente. La confianza está ahí, no hay ninguna nube visible en el horizonte.

La calma ecuatorial

Para los que no son muy marineros, la calma ecuatorial es una zona meteorológica del Atlántico muy inestable, con una alternancia de calma sin nada de viento y de vendavales violentos. En esta fase, la pasión de la luna de miel desaparece. El colaborador empieza a dominar su perímetro, pero el grado de exigencia aumenta de repente y surgen las primeras dudas.

Los veinte gloriosos

Son los veinte meses durante los cuales el colaborador domina cada vez mejor su puesto. También se integra cada vez más y continúa aprendiendo todos los días. Todavía no lo sabe todo sobre su puesto.

La crisis de la treintena

Después de unos treinta meses, la curva de aprendizaje del colaborador se aplana. Ya no recibe reconocimiento porque se las arregla bien desde hace mucho tiempo. Necesita nuevos retos, pero las perspectivas de evolución no están muy claras. Cuanto menos hace, menos tiene ganas de hacer. Necesita nuevos retos y, si su empresa no está en condiciones de ofrecérselos, se marchará a otra parte.

Este libro tiene por objeto romper con este esquema para que puedas comprometer y fidelizar a tu equipo ideal a lo largo del tiempo.

Las montañas rusas del mánager

«¡Sé ejemplar! ¡Aporta energía! ¡Mantente presente para tu equipo!...» Cuando se es mánager, las órdenes son numerosas. Sin embargo, todos somos seres humanos con nuestras emociones tanto positivas como negativas. El trabajo del mánager se parece también a unas auténticas montañas rusas. Estar arriba todo el rato simplemente es una misión imposible. Y el problema es que nuestra energía global se contagia al resto del equipo. Cuando todo va bien, es muy positivo para el colectivo..., pero, cuando no ocurre así, repercute negativamente en los colaboradores. El consejo de los mejores sobre este tema es sencillo: ¡domina el arte de la ausencia! Veamos unos ejemplos concretos:

- ¿Tienes una reunión cara a cara con un colaborador? ¡Explícale la razón de tu ausencia y aplaza la reunión!
- ¿No tienes ninguna reunión particular por la tarde? ¡Márchate pronto de la oficina! Empeñarte en estar detrás del ordenador no te ayudará.
- ¡Si puedes teletrabajar una jornada cuando lo necesitas, hazlo!

Al hacerlo, no huyes ni abandonas a nadie. ¡Todo lo contrario! Saber dosificar bien los momentos buenos y los malos es también lo que marca la diferencia entre los mejores mánagers y los demás.

Has llegado al final de la primera parte del libro. Este «kit de supervivencia del mánager» nos ha permitido sentar las bases. ¡Ahora te propongo que te abroches el cinturón y pases a una velocidad superior a través de una nueva parte sobre las mejores prácticas para seleccionar a tu Dream Team!

Segunda parte

LAS CLAVES DE UNA CONTRATACIÓN EFICAZ

It's better to have a hole in your team than an asshole.[4]

RICHARD BRANSON[5]

Todos los que han contribuido en el libro están de acuerdo: la contratación es uno de los ejercicios más difíciles de la gestión empresarial. Equivocarse incluso forma parte del proceso. He concentrado aquí los consejos más eficaces que transformarán tu *process* de contratación en un radar de campeones.

1

Cómo evitar buscar un mirlo blanco

«Si me dan seis horas para cortar un árbol, pasaré cuatro preparando el hacha», decía Abraham Lincoln, decimosexto presidente de Estados Unidos. En materia de contratación, haríamos bien en imitarlo.

El error más corriente en este tema consiste en apresurarse a redactar un anuncio sin tomarse el tiempo de reflexionar en el perfil que realmente se necesita. Este error conduce a buscar el famoso mirlo blanco.

Vamos a ver los dos métodos indispensables para que evites caer en esta trampa y que te harán ganar un tiempo precioso: el *scorecard* y el juego de las sillas musicales.

El *scorecard*

Se trata de una herramienta expuesta por Geoff Smart en su excelente libro *Who: The A Method for Hiring*.[6] El *scorecard* es la hoja de ruta de tu contratación. Es un documento interno que te permitirá priorizar, según tus propios objetivos, el tipo de perfil que realmente necesitas, tener claros los principales puntos que tienes que indicar en el anuncio y sobre los que tendrás que desafiar a los candidatos en la entrevista. A la inversa, sabrás en qué competencias estás dispuesto a transigir. En suma, el *scorecard* es una excelente herramienta para racionalizar una contratación y encontrar a la persona adecuada para el puesto adecuado.

Procede en cinco etapas para redactarlo.

1. Define el principal objetivo que persigues para el equipo para 12, 24 o 36 meses y para el que necesitas una contratación. En efecto, es necesario no razonar en presente para asegurarse de que la persona buscada será la adecuada para los dos o tres años siguientes. Ejemplo: doblar el volumen de negocio en el canal de e-comercio.

2. Divide este objetivo en tareas que deberán realizarse para alcanzarlo. Ejemplos: optimizar la conversión de las páginas más consultadas de la web, mejorar el referenciamiento natural, hacer una publicidad más dirigida en las redes sociales, redactar más artículos en el blog, reducir la velocidad de carga de las páginas de la web de e-comercio.

3. Define, para cada tarea, las aptitudes ideales en materia de competencias técnicas relacionadas con los conocimientos (llamadas *hard skills* en inglés en el universo de la contratación) y las competencias comportamentales relacionadas con el saber estar (*soft skills* en inglés). Veamos unos ejemplos de competencias técnicas: conocer las técnicas de referenciamiento natural de un sitio web, dominar las herramientas para dirigir campañas en determinada red social; y unos

ejemplos de competencias comportamentales: ser curioso, saber gestionar el estrés, dar muestras de espíritu de iniciativa. Se recomienda no considerar más de diez competencias para no complicar demasiado el uso del *scorecard*.

4. Divide las competencias listadas en tres columnas:

- Tarjeta roja: son las competencias cuya ausencia será eliminatoria, es decir que, si un candidato no las tiene todas, no puede avanzar en el *process*.
- Tarjeta amarilla: son las competencias que sería bueno que tuviera. Son importantes, pero no indispensables. Concretamente, si el candidato no las tiene, es realmente una lástima, pero no es decisivo.
- Tarjeta verde: son los «pequeños añadidos», es decir, competencias que están lejos de ser indispensables para el puesto, pero que podrían marcar la diferencia en caso de duda entre dos perfiles.

5. Como complemento de estas competencias, lista unos prerrequisitos de experiencia que es indispensable tener. Ejemplo: haber dirigido a más de cinco personas, tener más de 900 en la prueba de inglés del TOEIC o haber trabajado al menos un año en Asia.

Cuantas más competencias pongas en la tarjeta roja y prerrequisitos de experiencia, más elevado será tu nivel de exigencia, pero más difícil será encontrar al candidato que corresponda a tus criterios. Deberás encontrar la proporción adecuada.

El juego de las sillas musicales

El primer reflejo cuando necesitamos una nueva competencia es querer fichar a alguien que proceda del exterior. Pero quizá ya tienes actualmente una joya en tus equipos, aunque no necesariamente le hayas prestado atención.

Antes de precipitarte hacia la redacción de una ficha de puesto para publicar fuera, hazte las siguientes preguntas:

- ¿Quién, en el equipo existente, tendría las competencias comportamentales «tarjeta roja» para este puesto?
- ¿Las competencias técnicas «tarjeta roja» son difíciles de adquirir?
- ¿Quién, entre los perfiles identificados en la primera pregunta, necesita especialmente una fidelización y podría progresar hacia este puesto?
- Al hacer progresar a esta persona hacia este nuevo puesto, ¿el que quedaría vacante es más fácil de cubrir que el puesto que estoy creando?

Si la respuesta a esta última pregunta es sí, entonces hay que dejar de hacerse preguntas y proponer un ascenso al colaborador identificado.

Ten el reflejo de romper los códigos del recorrido de evolución clásico. Si identificas un potencial en algún colaborador, abre tus chacras: si está motivado por el hecho de cambiar de oficio y lo apoyas con toda confianza, brillará.

2

Definir el *process* de contratación

Ahora que tu *scorecard* está redactado y que estás seguro de no tener a la persona adecuada en tu equipo, puedes definir tu *process* de contratación.

Voy a empezar por repasar las principales etapas de una contratación completa, antes de invitarte a escribir tu propia hoja de ruta.

Las cuatro etapas de una contratación sin percances

Según los mánagers consultados que tienen más experiencia en contratación, tu *process* debe estar compuesto idealmente por:

- una entrevista de preselección para evitar perder el tiempo;
- una entrevista sobre la trayectoria para evaluar las competencias comportamentales, el nivel de experiencia, la motivación y la adecuación a los valores;

- un caso práctico para evaluar las competencias técnicas;
- un encuentro con el equipo para evaluar la adecuación al grupo.

Salvo para perfiles muy estratégicos, intenta mantener tu encadenamiento en cuatro etapas como máximo para no agotar al candidato. Cada etapa debe tener una razón de ser concreta y complementarse con las otras, con el fin de presentar un *process* global transparente para los candidatos.

Ahora te propongo tratar en detalle estas diferentes etapas.

La entrevista de preselección

Esta etapa es indispensable para evitar perder el tiempo inútilmente en entrevistas con candidatos que, en realidad, no son adecuados. En concreto, esta entrevista consiste en pasar unos veinte minutos al teléfono con cada candidato que, sobre el papel, parezca interesante. El objetivo de esta llamada es validar algunos puntos clave del *scorecard*. Por ejemplo, si un prerrequisito de la lista es el hecho de haber establecido colaboraciones con empresas industriales de más de 500 personas, pero su CV no es lo suficientemente preciso sobre este punto, la entrevista de preselección debe permitir validarlo o no. También es una buena manera de responder a las preguntas del candidato y de sentir su motivación para el trabajo. Muchos postulan como turistas, sin gran convicción. Esta entrevista debe permitirte descartarlos.

Al final de la entrevista, explica claramente la continuación del *process*, con tres casos posibles.

1. Estás convencido y sientes al candidato motivado: antes de colgar, establece con él las entrevistas siguientes para avanzar con rapidez.
2. Estás convencido, pero dudas sobre su motivación real: véndele el puesto como conclusión y pídele que te confirme por email, en veinticuatro horas, su deseo de avanzar en el *process* de contratación.
3. No estás convencido: confírmale que volverás a ponerte en contacto con él por email en veinticuatro horas para la continuación y, al día siguiente, mándale un mensaje explicándole cuáles son las razones del rechazo.

Si está bien equilibrada, esta entrevista debe permitirte descartar entre el 40 y el 60 por ciento de los candidatos contactados. Al menos cinco candidatos (es un auténtico mínimo) deben superar esta etapa para maximizar tus posibilidades de encontrar una joya.

Una vez realizada la entrevista de preselección por teléfono, tu *process* debe prever citas más largas, virtuales o presenciales, para evaluar las competencias, las motivaciones y la adecuación a los valores y al equipo.

La entrevista de trayectoria

Esta etapa puede efectuarse en una o dos entrevistas, con el fin de intercambiar impresiones y concretar algunos temas.

En este caso, tendrás que prever un tiempo entre las dos entrevistas para que el «reclutador» de la primera cita tenga tiempo de preparar la segunda sobre puntos particulares en los que hay que profundizar con el candidato. En todos los casos, esta entrevista es estratégica, porque tiene como objetivo evaluar varias facetas clave de la persona:

- sus competencias comportamentales
- su experiencia
- su motivación
- su adecuación a los valores de la empresa y a los del equipo

Veamos pues las mejores prácticas para alcanzar todos estos objetivos fácilmente.

Evaluar las competencias comportamentales

Analiza el CV

Para cada competencia, define lo que podrías detectar a través de un simple CV. Por ejemplo, si buscas un espíritu emprendedor y el candidato ha estado muchos años en el mismo puesto de un gran grupo, esto te puede alertar. Si buscas a alguien creativo, la lectura de sus actividades extraprofesionales debe permitirte detectarlo. Evalúa cada competencia para la que hayas identificado un elemento en el CV que te permita formarte una primera opinión en forma de semáforo verde/naranja/rojo. Esto te permitirá disponer de puntos de vigilancia que podrás tratar en las entrevistas.

Redacta una guía de entrevista

Para cada competencia comportamental indispensable, piensa en preguntas abiertas que puedas plantear para hacer reaccionar al candidato.

Por ejemplo, para evaluar su nivel de curiosidad, prepara las preguntas siguientes: «¿Cómo se ha informado sobre nosotros?», «¿Cómo prefiere aprender?», «¿Cómo se informa sobre la actualidad en su campo?».

O, para evaluar su nivel de creatividad, prepara las preguntas siguientes: «¿Cuál ha sido su idea más original?», «¿Podría decirme cuándo se salió de los senderos trillados por última vez?».

Anota en caliente cada competencia comportamental

Antes de la entrevista, define un medio de evaluar cada competencia comportamental indispensable (como una puntuación de 1 a 5 o un semáforo verde/naranja/rojo). Tómate el tiempo, inmediatamente después de la entrevista, de valorar cada competencia.

Como complemento de las competencias comportamentales, la entrevista de trayectoria debe permitirte profundizar en las experiencias pasadas del candidato.

Evaluar las experiencias pasadas

Veamos dos puntos clave que es indispensable que explores a fondo para las experiencias significativas de un candidato y para saber más sobre él:

- Qué contexto: su perímetro concreto, de qué era responsable exactamente, su lugar en la organización, su mánager directo, el detalle del equipo, los objetivos que tenía, los resultados cualitativos y cuantitativos obtenidos. Un error clásico consiste en acabar la entrevista pensando que el candidato tenía un impacto mucho más importante que la realidad.
- Qué hilo conductor: ¿por qué se unió a esa aventura en lugar de a aquella otra? ¿Cuál es la relación entre esta experiencia y las anteriores? ¿Cuál es el hilo conductor de su carrera?

Tómate el tiempo de reformular y volver a hacer preguntas abiertas para retarlo en cada tema e invitar al candidato a entregarse al máximo: «No estoy seguro de haber comprendido lo que me ha dicho antes sobre su papel referente a X, ¿puede volverme a hablar de esto?», «No creo haber captado la relación entre la experiencia X y la experiencia Y, ¿puede volver a la elección de este encadenamiento?».

Por último, para obtener un máximo de informaciones sobre una experiencia pasada, pregunta al candidato de qué se ha sentido más orgulloso y, a la inversa, menos orgulloso. La manera de presentar un éxito es casi tan importante como la de asumir un fracaso.

La pregunta STAR

Para no limitarte a lo superficial que podría describirte un candidato sobre un puesto pasado, utiliza la técnica STAR para profundizar en un caso concreto, como un proyecto que haya llevado a cabo.

Situación: pregúntale en qué contexto se inscribía el proyecto en cuestión.

Tarea: ¿qué papel tenía en este proyecto?

Acción: ¿qué realizó concretamente para desarrollar este proyecto?

Resultado: ¿cuáles fueron los resultados concretos cualitativos y cuantitativos del proyecto?

Evaluar las motivaciones

Como complemento de las competencias comportamentales y de su nivel de experiencia, la entrevista de trayectoria debe ayudarte a valorar mejor sus motivaciones.

Comprender las razones por las que desea abandonar su puesto actual

Comprender bien las cosas a las que el candidato es especialmente sensible es esencial para asegurarte de que puedes proponerle lo que espera sin problemas.

Para comprender su motivación, si ocupa actualmente

un puesto, esta es la pregunta clave: «¿Por qué razones desea abandonar su empresa actual?». Esto te permitirá comprender mejor sus necesidades, sus motores y sus valores. Si ya no ocupa un puesto, la pregunta es también interesante en referencia a sus experiencias más antiguas. Estas son las principales razones que pueden empujar a un colaborador a abandonar su empresa:

- el salario
- un tiempo de trayecto significativo
- el ambiente general
- un mal mánager
- el deseo de progresar y de ser retado
- el deseo de ascender a mánager

Los «cinco porqués» para comprender sus necesidades

Las razones de su deseo de cambio están forzosamente relacionadas con una necesidad que ya no se satisface. Más allá de la identificación de las razones, tu misión consiste en comprender la verdadera necesidad subyacente que lo incita a partir.

Para remontarte a la raíz y, por lo tanto, comprender la verdadera necesidad que tienes que ser capaz de satisfacer, los mejores reclutadores recurren a la técnica de los «cinco porqués». Es una práctica de resolución de problemas que permite identificar sus verdaderos orígenes. Se la debemos a Sakichi Toyoda, fundador de la famosa marca de coches japonesa Toyota. Consiste simplemente en plantear una sucesión de «porqués» hasta identificar la causa real del bloqueo.

Por ejemplo:

- Tú: «¿Por qué quiere abandonar su empresa actual?».
- El candidato: «No me siento valorado».
- Tú: «¿Por qué le parece que no es suficientemente valorado?».
- El candidato: «Porque, teniendo en cuenta mi nivel de experiencia, mi salario es demasiado bajo».
- Tú: «¿Por qué considera que su salario es demasiado bajo?».
- El candidato: «Espero un segundo hijo y necesitamos más espacio».

En este ejemplo, tres «porqués» han permitido remontarse a la raíz. Esta exploración mediante la pregunta del porqué ha permitido hacer emerger el elemento que no habíamos conseguido identificar hasta entonces.

Comprender lo que lo anima

Más allá de sus necesidades no satisfechas, también debes comprender lo que lo anima. Veamos algunas ideas de preguntas que te permitirán hacer emerger esto de manera indirecta:

- «¿Qué persona lo inspiró en la anterior experiencia profesional?»
- «¿Qué empresas lo apasionan? ¿Por qué?»

- «¿En qué contextos es más eficaz?»
- «¿En qué momento de su trayectoria profesional se ha sentido más realizado en su trabajo y por qué?»
- «¿Cuáles son los ámbitos de competencias profesionales en los que se siente más eficaz?»
- «¿Hay ámbitos de competencias que le gustaría desarrollar?»
- «¿Cuáles son los contextos profesionales en los que no se siente a gusto, que le resultan incómodos?»

Valorar el deseo de unirse a tu empresa

La motivación del candidato respecto al puesto que le propones también debe valorarse en cada etapa. Si no tienes espontáneamente noticias de un candidato después de la entrevista, no es forzosamente una buena señal. Lo más eficaz para valorar esto es pedirle lo siguiente, como se sugiere en la p. 65 durante la etapa 2 de la preselección: «¿Podría, de aquí a mañana, contactar con nosotros por email para indicarnos si está interesado en el hecho de avanzar en el *process* de contratación y por qué razones?». Esto permite filtrar para tener en cuenta solo a los convencidos y disponer de más información sobre lo que los motiva.

Evaluar la adecuación a los valores

Por último, después de las competencias comportamentales, el nivel de experiencia y el grado de motivación para unirse a tu equipo, la entrevista de trayectoria te dará información sobre la adecuación entre la cultura de empresa y el candidato a través de los valores. En general, es una etapa especialmente cuidada por los mejores reclutadores, porque permite evitar muchos errores de *casting*. Varias técnicas te permitirán evaluar su adecuación a los valores.

• Exponle los valores y pregúntale si se reconoce en ellos, con la ayuda de ejemplos concretos.

• De manera más sutil, puedes hacerle preguntas a través de las cuales se vea inducido a desvelar algunos aspectos éticos. Por ejemplo, si la solidaridad es un valor importante en tu empresa, puedes preguntarle si está inscrito en alguna asociación, o bien pedirle que te cuente la última vez que aportó su ayuda a alguien.

• Las preguntas en forma de puesta en situación también son una buena manera de tener una información pertinente del candidato. Por ejemplo: «Imagine que se encuentra en un ascensor con otras cinco personas. Cuando está subiendo, se detiene entre dos pisos. ¿Qué es lo primero que hace?». Imagina la mejor puesta en situación en función de lo que quieras evaluar en el candidato.

CULTURA > COMPETENCIAS: El caso de manual de la Selección francesa de fútbol

Debe darse un gran valor a la adecuación a los valores de la empresa en el *process* de contratación con respecto a las competencias técnicas de los candidatos. Las competencias técnicas pueden aprenderse, la actitud no.

En 2010, el fiasco de la Selección francesa de fútbol en la Copa del Mundo en Sudáfrica es un buen ejemplo de ello. ¿Cómo es posible que un grupo de jugadores con unas cualidades individuales excepcionales perdiera dos partidos, empatara en uno, terminara el último de su grupo y quedara eliminado en la fase de grupos? La respuesta es la cultura. La cultura y los valores de Raymond Domenech no estaban en sintonía con los de ciertos jugadores clave.

Como complemento de estos métodos, veamos algunas ideas de preguntas diferentes para incitar al candidato a quitarse la máscara y así calibrar mejor su adecuación a tus valores.

- «Si llamo a su mejor amigo, ¿qué me dirá sobre usted?»
- «¿Tiene usted suerte?» Esto permite descubrir la naturaleza más bien optimista o pesimista de un candidato y comprender mejor la manera que tiene de ver el mundo.

- «Si no tuviera ninguna presión económica y la posibilidad de dedicarse a cualquier oficio, ¿cuál elegiría?»
- «¿Le parece que su antiguo mánager es un buen mánager?» Esto permite sacar a la luz muchas cosas sobre lo que aprecia y lo que lo hace sentir menos cómodo en el modo de gestión empresarial.
- «¿Qué porcentaje de su vida controla?» Esta es una pregunta utilizada por un gran CEO, que permite calibrar muy bien los motores del candidato.
- «Si le diera 5.000 euros para que se formara en un tema, ¿cuál elegiría?»
- «¿Qué lo indigna en la vida en general?»
- «Si está convencido de que tiene una idea muy buena, pero el resto del grupo prefiere otra, ¿cómo reacciona?»
- «Supongamos que nos volvemos a ver dentro de cinco años, ¿me diría que ha tenido éxito profesionalmente si ha ocurrido?»
- «¿Cuál de sus viajes ha sido más significativo? ¿Por qué? Al contrario, ¿qué viaje lo ha decepcionado más y por qué?»
- «Si fuera el encargado del próximo *team building* del equipo, ¿qué organizaría?»
- Al final de la entrevista, puedes decirle: «Muy bien, perfecto, ¿puede resumir?». Esto permite oír sintetizar espontáneamente lo que recuerda de esta conversación.

Si sientes que el candidato es reticente al menos a uno de tus valores, saca la «tarjeta roja». No debes continuar con él, por más bueno que sea su título o su experiencia profesional.

¿Cuál es tu plato preferido?

Esta pregunta, *a priori* anecdótica, la plantean los fundadores de una cadena de restauración artesanal vinculada al territorio francés. Si la respuesta a esta pregunta es el cocido o un buen guiso, buena señal, pero si la respuesta es el *poke bowl* o el *sushi,* no irá tan bien. Más allá de la anécdota, deberás encontrar tus propias preguntas, que te permitirán detectar si la persona se adapta a lo que tú eres, lo que haces y cómo lo haces. Las preguntas que parecen más insignificantes en una entrevista a veces son las más decisivas.

Después de la llamada de precalificación y la entrevista de trayectoria, es muy recomendable someter a los candidatos con los que quieras seguir adelante a un caso práctico.

El caso práctico

Para evaluar las competencias técnicas, lo más eficaz es pedir a la persona elegida que prepare un caso práctico. Para evitar los sesgos, lo ideal es que el candidato lo haga en los locales de la empresa en un tiempo determinado y después pedirle que lo exponga.

Veamos cuatro reglas que deben respetarse para proponer un estudio de caso eficaz:

1. Construye el caso en función de las competencias definidas en el *scorecard*. Evidentemente, deben someterse a prueba las competencias clasificadas en tarjetas rojas y amarillas.
2. La evaluación debe racionalizarse: para cada competencia evaluada, puedes, por ejemplo, dar una puntuación sobre cinco, que te permitirá comparar la eficacia de cada candidato. Define también la puntuación mínima para las competencias de la columna de tarjeta roja.
3. El caso siempre debe ser el mismo y realizarse en las mismas condiciones (entorno, material disponible y tiempo) para todos los candidatos.
4. La persona que evalúa cada etapa debe ser perfectamente competente en el tema tratado. Si se trata de una nueva competencia no dominada internamente, puedes, por ejemplo, recurrir a un experto exterior reconocido.

Utiliza un caso real

Como complemento de estas cuatro reglas, en mis entrevistas ha surgido muy a menudo otra buena práctica, la de enfrentar al candidato a un trabajo realmente efectuado en la empresa. En general, es más eficaz que partir de un caso ficticio. Por ejemplo, para un desarrollador, «abre el capó» del código y pregúntale lo que habría hecho diferente. Para el puesto de comunicación, muéstrale tus últimas operaciones y pregúntale qué piensa de ellas. Esto permite ver cómo razona, argumenta y comunica lo que se refiere a un caso real y concreto.

Otra opción interesante consiste en hacer trabajar al candidato sobre la principal problemática que tendrá que tratar en los primeros meses de su potencial puesto.

El síndrome del escarabajo

El nombre de este síndrome procede de un estudio sobre los escarabajos. Este experimento permitió a los investigadores llegar a la conclusión de que la especie de insectos que tiene mayores posibilidades de supervivencia es la que favorece a sus semejantes en detrimento de los demás. Este síndrome ilustra un sesgo cognitivo que empuja al ser humano a preferir a los que se le parecen y, al contrario, a rechazar a los que no comparten su punto de vista y sus ideas. Aplicado a la contratación, este sesgo cognitivo puede inducir a tomar malas decisiones. Un candidato que tenga el mismo temperamento que nosotros o que haya estudiado en el mismo centro tendrá tendencia a tranquilizarnos, pero no necesariamente por las razones adecuadas. Nos arriesgamos a favorecerlo de manera irracional. Este sesgo es muy clásico en contratación y hay que tener cuidado con él, porque a menudo nos aleja de los mejores candidatos.

El encuentro con el equipo

Más allá de las competencias y la adecuación a los valores, hay algo que puede ser difícil de predecir: el entendimiento con el resto de su futuro equipo potencial. Los mejores reclutadores recomiendan organizar un encuentro entre el equipo y los candidatos preseleccionados antes de tomar la decisión final. Es una buena manera de conocer y validar definitivamente el entendimiento recíproco y desdramatizar el primer día, puesto que el candidato elegido ya conocerá a su nuevo equipo. Para el formato del encuentro, elige lo que creas que es mejor según tu organización y tu cultura de empresa. Para hacer caer las máscaras y relajar la atmósfera, lo más eficaz es salir a tomar una copa al final de la jornada con el candidato. Un almuerzo puede ser una buena alternativa. Si prefieres mantenerte en un marco más formal, puedes pedirle que participe en una reunión interna o que desayune en la oficina. Todos los formatos son posibles. Elige el tono que deseas darle al encuentro.

En todos los casos, deberás tomar la temperatura de tu equipo inmediatamente después de este momento. También tendrás que preguntar al candidato cuáles son sus impresiones. Decide seguir adelante solo si todo el mundo se muestra entusiasta. Si una o dos personas del equipo no parecen verlo claro, lo ideal sería —si el candidato está de acuerdo con el principio— organizar un nuevo encuentro con menos gente para ver si el *feeling* es mejor después de este segundo momento pasado juntos.

Te acabo de ofrecer cierto número de buenas prácticas para construir tu *process* de contratación ideal. Para concluir esta parte, te invito a poner sobre el papel lo que llamo la hoja de ruta de tu método de contratación.

Escribir la hoja de ruta del *process* de contratación

La hoja de ruta de la contratación es un documento que recoge los elementos siguientes:

- ¿Qué se debe evaluar? (Las competencias, la experiencia, la motivación, la adecuación a los valores...)
- ¿Cómo se hará? (Qué formatos de entrevista, cuántas etapas, qué preguntas se plantearán...)
- ¿Quién lo va a hacer? (Quién se movilizará en cada etapa.)

Es muy recomendable que el *process* sea colectivo. Esto permite cruzar los puntos de vista y obtener una adhesión general sobre el perfil. Además, si resulta elegido facilitará la llegada del interesado, porque ya conocerá a todo el mundo. Sin embargo, recuerda que, a partir de cinco personas implicadas, el *process* puede resultar pesado y complicado.

Formalizando este tríptico, qué / cómo / quién, llegarás a una hoja de ruta clara y precisa de la contratación en cuestión.

Tu *process* debe caber en una tabla de cinco columnas:

- el nombre de la etapa;
- el formato de cada etapa (por ejemplo: entrevista cara a cara o entrevista colectiva);
- los responsables de cada etapa (quién debe estar presente);
- el contenido de cada etapa (guía de entrevista con las preguntas que se plantearán, el detalle del caso práctico...);

* los medios de evaluar al candidato (sistema de calificación y elementos concretos que se evaluarán).

Ahora que tu *process* está bien engrasado, ha llegado el momento de lanzarte mediante la redacción de un anuncio convincente.

3

Cómo redactar un anuncio convincente

Muchos anuncios son los «asesinos» de la contratación. Aburridos, mal escritos, demasiado largos o demasiado cortos..., los errores son numerosos. Sin embargo, el anuncio es como un escaparate, es decir, muy a menudo es el primer contacto con tus candidatos. Por lo tanto, tienes que cuidarlo de manera especial para que sea convincente, claro y atractivo. Vamos a ver unos consejos de mánagers que consiguieron tener los mejores porcentajes de conversión de sus anuncios, superiores a la media del 4 por ciento constatada en las páginas web de empleo.

Evita el copiar y pegar

Una trampa clásica consiste en copiar un anuncio anterior para volver a publicarlo casi sin cambios. Al contrario, tienes que analizar los anuncios antiguos y ponerlos al día para mejorarlos en cada difusión.

Da sentido

Más allá de la descripción factual del puesto y de la empresa, no olvides dar siempre sentido al anuncio. ¿Cuál es la razón de ser de la empresa? ¿En qué punto se encuentra la empresa hoy? ¿Cuál es su ambición y a qué escala? ¿Cuál es la razón de ser de la contratación? ¿Cómo se inscribe este puesto en el proyecto global? ¿Cuáles son los retos del puesto? También puedes añadir los objetivos concretos del puesto para 6, 12, 24 o 36 meses. Dar un marco siempre ayuda más a proyectarse.

Sé coherente con el *scorecard*

Tu *scorecard* definido anteriormente debe servirte de hilo conductor para redactar el anuncio. Las competencias «tarjeta roja» y los prerrequisitos de experiencia deben resaltar de manera clara, directa y sin ninguna ambigüedad para evitar atraer a candidatos inadecuados. No hables de las competencias «tarjeta amarilla» y «tarjeta verde» para aligerar el anuncio y no arriesgarte a descartar a candidatos que no se reconozcan perfectamente.

Genera ganas

No olvides que contratar es vender. El anuncio debe ser positivo, estimulante y valorizador para la empresa. No debe presentar un simple trabajo, sino una aventura humana, colectiva y excitante, a la que se tenga ganas de unirse.

No te centres en ti

Utiliza el «tú» o el «usted» (según la cultura de tu empresa) en lugar de hablar de tu punto de vista de reclutador. Evita también utilizar tu jerga interna. Lo más sencillo es dar a leer el texto a una persona externa a la empresa.

Insiste en los valores

La lectura del anuncio debe permitir al candidato valorar si puede adaptarse a tu cultura. No olvides hablar de los valores de la empresa. No te contentes con enumerarlos, explicítalos bien e ilústralos con ejemplos concretos.

Proclama tu diferencia

Un anuncio genérico, poco diferenciador y sin alma no atraerá a los mejores candidatos a presentarse.

Hazte la siguiente pregunta: «¿Qué es lo que nos hace realmente únicos como empleadores con respecto a nuestros competidores?» y responde con claridad en tu anuncio.

Ilustra las competencias comportamentales indispensables que hay que tener

Como ocurre con los valores, una palabra puede interpretarse de manera muy diferente de una persona a otra. Ilustra bien cada competencia que menciones. Por ejemplo, la curiosidad: en la vida, te interesas por muchos temas, te gusta comprender y te haces muchas preguntas por naturaleza.

Humaniza tu anuncio

Habla del equipo y del mánager para hacer sentir a los candidatos la aventura humana a la que podrían unirse: el tamaño del equipo, los nombres, la media de edad, las trayectorias, el estilo de gestión empresarial...

Pide más que una carta de motivación clásica

La carta de motivación, a menudo muy larga, aporta poco valor añadido con respecto al CV y a menudo está demasiado codificada, así que debe reinventarse. Los mejores reclutadores han dejado de pedirla, prefieren que los candidatos respondan por escrito a unas preguntas dirigidas. El grado de pertinencia de las respuestas de los candidatos puede resultar muy útil para establecer un primer filtro y priorizar las entrevistas.

Veamos algunos ejemplos de preguntas utilizadas en varias empresas con una contratación eficaz, pero debes inventar las tuyas en función de tu cultura y tus valores:

- ¿Cuáles son las tres principales razones que lo incitan a presentar su candidatura con nosotros?
- Si tiene trabajo, ¿por qué quiere cambiar de empresa?

- ¿Qué piensa que puede aportar a nuestro equipo?
- ¿Cuál es su principal punto fuerte y qué hace para explotarlo?
- ¿Una última cosa que le gustaría compartir con nosotros?

Limita el número de caracteres de cada una de las respuestas. El candidato no tendrá más remedio que ir directo al grano.

Cuantas más preguntas hagas, más desanimarás a los que no estén realmente motivados. Utiliza esta etapa como un filtro importante de perfiles oportunistas que se presentan más por conveniencia que por convicción.

La clave está en los detalles

Como complemento de estos grandes principios, veamos algunos detalles que no pueden pasarse por alto.

- Proscribe los títulos de puestos del tipo de «ninjas del código», el tercer criterio al que los candidatos prestan más atención después de la descripción y el lugar geográfico de la empresa.[7] El título debe ser claro y preciso, y las personas interesadas deben poder proyectarse en el puesto con facilidad. Por lo tanto, deja de lado los títulos poco convencionales, que además podrían desacreditar tu anuncio.
- Valoriza el lugar geográfico —segundo elemento que más tiene en cuenta un candidato en un anuncio—, procura que la información concreta resalte bien. No olvides dar valor al emplazamiento, sea el que sea

(precisa todos los medios para llegar, como las líneas de transporte público o la presencia de un aparcamiento para dejar el coche con facilidad). Si la localización no es muy glamurosa, insiste especialmente en la práctica del teletrabajo puesta en marcha.

- Presenta un plan de acción claro: como en una página web de e-comercio, la incitación a actuar debe resaltarse. El candidato debe comprender con mucha rapidez cómo postular (qué enviar, a quién y hasta cuándo).
- Añade enlaces complementarios: vídeo de testimonios de asalariados, pódcast en el que salga el dirigente, medios de comunicación que hablen de la empresa..., esto también hace todavía más vivo y atractivo el anuncio.

«¡Objetivamente tu mejor email de la jornada!»

En plena guerra de talentos, algunas empresas van regularmente a la caza de potenciales candidatos. Veamos el objetivo del primer mensaje de contacto que una de ellas dirige a sus candidatos ideales: «¡Objetivamente tu mejor email de la jornada!». Este asunto estimula la curiosidad y les permite desmarcarse de los enfoques convencionales. Personas que no necesariamente están buscando trabajo de manera activa les responden, divertidos por el proceso. Esto permite iniciar una conversación en una atmósfera relajada y dejar una huella.

Sin utilizar exactamente esta técnica, que quizá no se adapta del todo a la cultura de tu empresa, reflexiona en cómo podrías «enganchar» a tu interlocutor con un asunto que intrigue o sorprenda.

Publicar tu anuncio no es más que el principio de la gran aventura de la contratación. Ahora que está en línea, vamos a ver cómo ocuparte de tus candidatos proponiéndoles una experiencia que recordarán.

4

Adiós a la contratación convencional, bienvenida la experiencia del candidato

La experiencia del cliente y la experiencia del usuario ocupan el centro de las preocupaciones de la mayoría de las empresas. ¿Por qué no hacer lo mismo con la experiencia del candidato? Los mánagers que contratan a los mejores de la manera más fácil me han confiado su secreto: ofrecen a sus candidatos la misma consideración que a sus clientes o sus usuarios. Para ellos, el cliente no es el único rey, comparte el trono con los candidatos y los colaboradores. Y, para terminar de convencerte, veamos dos buenas razones para cuidar tu experiencia del candidato.

Una buena experiencia del candidato es excelente para tu marca de empleador

Un individuo que vive una experiencia excepcional la comunicará a su entorno, tanto si lo contratan como si no. Reflexiona en cómo hacer agradables estos momentos, considerados muy estresantes por el 73 por ciento de los postulantes.[8]

Una buena experiencia del candidato maximiza tus posibilidades de contratar

La experiencia del candidato a menudo da una idea aproximada de la experiencia del colaborador. Al cuidar especialmente esta fase, estimulas el deseo de más personas de unirse a tu empresa. El 78 por ciento de las personas interrogadas declinarían una oferta después de una mala experiencia del candidato.[9] Veamos ahora cómo cuidar esta etapa, de manera concreta.

¿Cómo hacer vivir una experiencia memorable al candidato?

Para verlo más claro, plantéate la siguiente pregunta: ¿el *process* de contratación que propongo permite al candidato, aunque se lo descarte a medio camino, enriquecerse y aprender más sobre sí mismo?

Para conseguirlo, veamos unos consejos que he recogido entre los campeones reclutadores.

La contratación ya no es una relación de fuerzas

Se acabaron las entrevistas en las que el empleador es el todopoderoso que decide. Ahora el *process* es beneficioso para todos, las dos partes aprenden a conocerse para estar seguras de que existe una armonía perfecta. Un ejemplo concreto es la puntualidad. Ya que el candidato se toma la molestia de desplazarse hasta ti, lo menos que puedes hacer es acogerlo a la hora y respetar el *timing* anunciado.

Vende siempre, pero nunca te pases

Para atraer a los mejores, tienes que convencerlos de que se unan a ti. Esto pasa por un ejercicio de vendedor que quiere seducir a un cliente. Pero cuidado con ir demasiado lejos enmascarando cosas o embelleciendo demasiado a la novia. Correrías el riesgo de generar decepción si se une a la empresa. Y el perdedor serías tú si el recién llegado decepcionado abandonara el barco durante el periodo de prueba. Recuerda que la transparencia es el primer paso hacia una confianza duradera.

Prepara y personaliza cada entrevista

Los mejores reclutadores son unánimes: para realizar una entrevista eficaz, es indispensable tomarse al menos quince minutos antes de recibir al candidato para preparar el encuentro.

Veamos qué hacer con estos quince minutos:

- Releer el CV y la eventual carta de motivación, o la nota enviada que contiene las respuestas a las preguntas planteadas.
- Hacer búsquedas en Internet sobre la persona (perfiles en LinkedIn, contenidos en línea sobre él..., para ver si se encuentran cosas no precisadas en el CV).

- Preparar una lista de preguntas personalizadas: cada perfil tiene sus fuerzas y sus puntos de vigilancia, así que es indispensable listar previamente los puntos concretos que quieres examinar en especial.
- Releer la guía de entrevista general, cuya elaboración veremos un poco más adelante.

Esta preparación te permitirá no olvidar los puntos clave y resaltar elementos concretos para esclarecer tu decisión. Esto también mostrará al candidato que has trabajado el tema y, por lo tanto, que consideras la entrevista y esta contratación como un asunto importante.

Toma notas

Lo ideal es tomar las notas en formato manuscrito (si utilizas un ordenador o una tableta, la pantalla cortará el vínculo con tu interlocutor).

Tomar notas es indispensable para:

- Registrar lo que te ha dicho el candidato y utilizarlo en la continuación del *process*.
- Anotar tus impresiones en caliente durante o justo después de la entrevista.
- Mostrar implícitamente al candidato que lo que te ofrece tiene importancia.

Aporta un marco

Los candidatos, igual que cualquier otro participante en una reunión, necesitan un marco para sentirse tranquilos. En cada entrevista, procura explicar el objetivo y cómo se inscribe en el *process* global. Expón también el «plan» de la entrevista (ejemplo: «Primero vamos a hablar de sus últimas experiencias, después abordaremos sus aspiraciones, a continuación le hablaré de nuestra empresa y terminaremos con las preguntas que usted pueda tener»), así como el *timing* concreto de la entrevista.

No dejes nada ambiguo para el candidato

Para proyectarse, necesita claridad. En cada etapa de la entrevista, pregúntale si todo está claro para él y si tiene alguna pregunta.

Habla del salario desde la primera entrevista

La remuneración a menudo es el tema que genera más malestar durante la fase de reclutamiento. Para liquidarlo con rapidez, pregunta al candidato sobre sus pretensiones en la primera entrevista. Si realmente están demasiado alejadas de lo que puedes ofrecer, podrás abordarlo con total transparencia y podrás detenerte aquí si el candidato no puede transigir. No hay nada peor que esperar a la tercera etapa para discutir sobre el tema y darse cuenta de que se corre el riesgo de atascarse.

Comunícate con mucha frecuencia

Aunque el *process* sea corto, la comunicación con los candidatos debe seguir un ritmo, debes prometer poco y ofrecer mucho, es decir, comunicarte siempre con el candidato en un plazo más corto del anunciado. Esto demostrará tu eficacia y tu deseo de ir deprisa. Debes tener un contacto con tus candidatos como mínimo cada semana. El candidato debe saber en tiempo real en qué punto se encuentra, por qué razones puede avanzar a la etapa siguiente o no, qué etapas le quedan por superar y cuál es el *timing* asociado.

«Si no nos comunicamos con usted en tres semanas, considere que, por desgracia, no damos continuidad a su candidatura.»

Estoy seguro de que ya has recibido un mensaje de este tipo en una candidatura en línea. Debes saber que el 64 por ciento de las candidaturas todavía quedan en letra muerta.[10]

Si no lo haces ya, debes aplicar estas dos reglas muy simples:

- Responde a todo el mundo, incluso en los casos de rechazo puro y duro.
- Humaniza y personaliza al máximo las respuestas de

rechazo. Deben reflejar tu cultura de empresa. El objetivo de estos emails es ambicioso: deben sorprender positivamente al destinatario para que hable bien de ti en su entorno, a pesar de su decepción. Por ejemplo, puedes hablarle de tus propios trucos para elaborar un CV convincente, tus técnicas para tener éxito en una entrevista o citar empresas similares a la tuya para que pueda dirigirse a ellas.

Compartir feedback

En cada etapa del *process* de contratación, debes tomarte el tiempo de compartir *feedback* con el candidato. Debes decir concretamente por qué avanzas o por qué te detienes.

¿Por qué hacer un *feedback* con un candidato con el que avanzas?

- Formalizar las razones de avanzar en el *process* con un candidato te forzará a racionalizar tu decisión y a «atar cabos» con el *scorecard*.
- Aunque progreses, sin duda hay puntos que requieren atención. Esto te permite abordarlos con total transparencia con el candidato y generar un debate constructivo.
- Lo metes en el ajo de la cultura del *feedback* y, si acaba por unirse a tu empresa, ya tendrá este reflejo.

- Le permites comprender mejor los puntos fuertes a los que eres especialmente sensible. Entonces comprenderá mejor lo que esperas de él.

¿Por qué hacer un *feedback* con un candidato con el que no vas más lejos?

Además de la falta de respeto flagrante que esto representa para las personas afectadas, no tomarse el tiempo de recapitular es como pegarse un tiro en el pie, bueno, más bien en el de la propia marca de empleador.

Es cierto que no es nunca el ejercicio más agradable, por eso solo lo hacen una minoría de empresas, pero al final solo tiene ventajas:

- El candidato aprenderá un poco más sobre sí mismo y, como consecuencia, evolucionará en su trayectoria profesional.
- A pesar de su decepción, conservará un recuerdo positivo de su trayectoria y hablará de su experiencia a su entorno.
- Te verás forzado a racionalizar tu decisión y a dar muestras de honestidad intelectual respecto a ti mismo para transmitirle correctamente los motivos de tu rechazo.

¿Cómo llevar a cabo este *feedback*?

Si el candidato se ha desplazado para las entrevistas, es indispensable efectuar un *feedback* personalizado por teléfono y explicarle con claridad por qué no ha sido seleccionado. Atención, debes tener mucho cuidado con la manera en que se lo comunicas. Por ejemplo, si te ha parecido que le faltaba liderazgo, debes decirle: «En las diferentes entrevistas, no hemos conseguido descubrir el nivel de liderazgo que buscamos». No debes decirle nunca: «Le falta liderazgo». Sería demasiado duro de oír y, además, estar seguro de que a una persona le falta liderazgo después de una o dos entrevistas sería muy presuntuoso. Tus comentarios siempre deben situarse en un contexto y nunca deben desvalorizar al candidato como persona. También hay que insistir en los puntos positivos de su perfil, que debe continuar explotando.

Para ir más lejos, y si estás convencido del valor de un candidato al que no seleccionas —bien porque has encontrado a otro mejor, bien porque tu marco de trabajo no es el más adecuado para él—, no vaciles en recomendarlo en otras empresas en las que tengas algún contacto. Puedes estar seguro de que el candidato se convertirá en un formidable embajador de tu empresa. Esto favorecerá el intercambio de buenos procedimientos con la empresa en cuestión, que probablemente actuará de la misma manera si se presenta la ocasión.

Cada encuentro es una entrevista encubierta

Para contratar a los mejores, a veces hay que salirse del marco. Sobre todo, no contrates únicamente por las vías clásicas. Tienes que estar constantemente pendiente de

tu entorno, porque los mejores perfiles sin duda se ocul-
tan donde no lo esperas. Considera cada encuentro como
una posible nueva contratación.

¿En una conferencia, una persona del público hace
preguntas especialmente pertinentes? ¿Por qué no ir a
verla al final para hablar de sus aspiraciones?

¿Te impresiona la organización y la eficacia de un
empleado de ventanilla? ¿Por qué no proponerle que sea
tu nuevo asistente?

Ya tienes las claves para cuidar la experiencia de los candidatos que recibes. Centrémonos ahora en las técnicas que te permiten tomar una buena decisión final.

5

Cómo reducir a una quinta parte los errores de contratación

Una vez más, la contratación parece ser, casi por unanimidad, la fase más delicada de la gestión empresarial. Es obvio que el coste financiero y psicológico de un error de *casting* es muy importante. Así que vamos a ver otros consejos que, según la experiencia de los que los han puesto en práctica, permiten reducir a una quinta parte los errores de contratación.

Para finalizar el *process*, dos últimos elementos deben permitirte confirmar de manera segura y certera tu elección: la llamada telefónica a las referencias profesionales y, en la medida de lo posible, una sesión de inmersión.

Dr. Jekyll y Mr. Hyde

El candidato perfecto no existe. Para descubrir los defectos, evita plantear la famosa pregunta «¿Cuáles son sus defectos y sus cualidades?»; por otra parte, ya nadie la hace en las entrevistas, puesto que se relaciona con las contrataciones de la década de 1990. Por lo tanto, es mejor dejarla de lado. Para alcanzar tus fines a pesar de todo, veamos unos ejemplos de preguntas que te ayudarán a verlo más claro:

- ¿Qué es lo que menos le gusta hacer?
- En sus experiencias pasadas, ¿qué es lo que le requería más esfuerzo?
- Dígame una cosa que puede molestar a los demás en su manera de trabajar. (Ejemplos: «Tengo tendencia a llegar tarde a las reuniones», «Quiero ir demasiado deprisa según algunos…»).
- ¿Qué es lo que más le molesta de los demás en un trabajo en equipo? (Ejemplo: «Las personas desorganizadas»). ¿Cómo ha reaccionado las veces que se ha visto enfrentado a eso?

Un candidato con un poco de experiencia, pero que no respondiera con franqueza a estas preguntas, carecería de transparencia o no se conocería muy bien a sí mismo. En los dos casos, no es una buena señal…

Las referencias profesionales como arma absoluta

Hablar con los antiguos mánagers y colaboradores de un candidato es el consejo que me han dado más a menudo sobre el tema de la contratación. Es una increíble mina de oro de informaciones sobre sus competencias técnicas y comportamentales. Aunque hay que saber explotarlas. Veamos los mejores consejos para sacarles el mayor provecho.

La regla de los «tres siempre»

Para reducir de manera drástica los errores de contratación, te recomendamos que sigas escrupulosamente la regla de los «tres siempre»:

1. SIEMPRE llamar a las referencias profesionales del candidato. No hacerlo es un error que se comete demasiado a menudo.
2. SIEMPRE llamar como mínimo a dos para comparar las opiniones y evitar el síndrome del colega simpático que representa un papel para ayudar a su compañero.
3. SIEMPRE comprobar en LinkedIn la identidad de la referencia para asegurarse de que no es un perfil falso.

Cómo pedir de manera inteligente el contacto de una referencia profesional

Para pedir los contactos de antiguos empleadores, esta es la pregunta concreta que hay que hacer: «Cuando llame a su antiguo mánager, ¿qué me dirá de usted?».

¿Por qué formular la pregunta de esta manera?

Puesto que no está en condicional, la pregunta implica de manera sutil que realmente harás esa llamada. El candidato no tendrá entonces más remedio que dar muestras de una transparencia total sobre su experiencia pasada.

Y, cuando preguntes el nombre del antiguo mánager al que vas a llamar, dile al candidato que lo deletree, esto demostrará una vez más que no bromeas y que realmente vas a llamarlo.

Además de los antiguos mánagers, pídele una lista de cinco referencias en total si tiene un poco de experiencia. Esto te permitirá evitar el síndrome del «colega simpático» del que hemos hablado antes. Después puedes decidir libremente con cuáles quieres ponerte en contacto y con cuáles no. Lo ideal incluso sería ir a buscar una referencia que no esté en la lista, por ejemplo, consultando los contactos que tenéis en común en LinkedIn.

La pregunta de oro para la referencia profesional

El riesgo de una entrevista clásica con una referencia profesional es que se centre solo en generalidades sobre el candidato que ya conoces. Veamos una manera de aprender mucho más sobre él.

Empieza por preguntar sobre el contexto de su colaboración con el candidato: ¿cuándo fue contratado?, ¿por qué razones?, ¿qué puesto concreto ocupaba?, ¿cómo estaba organizado el equipo?, ¿cuándo y por qué se marchó de la empresa?

Después haz LA pregunta que te permitirá saber si el candidato es un campeón mundial: «¿Formaba parte del top 5 por ciento, 20 por ciento o 50 por ciento de sus mejores colaboradores?».

El hecho de objetivar de esta manera la pregunta compromete a la referencia, que tendrá que mojarse y dar muestras de transparencia.

Si está en el 20 o el 50 por ciento, ve más lejos y plantea la siguiente pregunta: «¿Qué le faltaba para estar en el 5 por ciento?». Verás que obtendrás más información de la prevista.

Siempre con esta misma idea, puedes preguntarle cuánto lo recomendaría en una escala de 0 a 10, o bien invitarlo a ponerse en tu lugar y preguntarle si contrataría al candidato. Estas preguntas son, ante todo, el pretexto para ir derecho al objetivo y generar una discusión rica y transparente.

¿Si el candidato no quiere darte el contacto de su mánager?

Bastante a menudo, el candidato no quiere dar el contacto del mánager actual, porque este último no está al corriente de que su colaborador tiene entrevistas. En este caso, asciende un punto en su CV para pedir el contacto de un antiguo mánager, aunque se trate de un trabajo en prácticas. Y recuerda que tienes que ponerte siempre en contacto al menos con dos referencias profesionales.

Última precisión si contratas a un mánager

Si contratas a un mánager, también tienes que pedirle dos referencias de colaboradores, es decir, personas de las que ha sido el mánager. Es esencial para profundizar con ellos sobre su manera natural de dirigir y la forma en que lo han vivido. Este contacto con referencias «al revés» casi nunca se hace, pero también en este caso es un error que puede costar muy caro.

La inmersión como prueba definitiva

Incluso con un *process* de contratación muy centrado en la forma de ser del candidato y el *feedback* de doble sentido, es posible equivocarse. Entre tu imaginario y el del candidato, el margen de error sigue siendo real. Para reducir todavía más la probabilidad de equivocarte (tanto desde tu punto de vista como desde el del candidato), la mejor práctica es la inmersión.

Concretamente, esto consiste en pedir al candidato que acuda una jornada completa a tu empresa para que se proyecte (¡o no!) en tu entorno de trabajo (ambiente, locales, herramientas, manera de trabajar...). Dedicar un día entero puede parecer bastante pesado, pero, teniendo en cuenta el tiempo que pasará el colaborador en la empresa y el coste de un error de *casting*, merece la pena. Esto te permitirá ver cómo se comporta en lugar de cómo se describe. Tienes que prepararle cosas que hacer y personas con las que estar para evitar que se quede con los brazos cruzados y se marche con un sabor amargo. Tus colaboradores actuales tendrán que prestarle atención, pero sin sobreactuar. Tienen que ser naturales para que tenga la visión justa de su potencial futuro cotidiano.

Piensa también en un tema en el que puedas trabajar con él durante una reunión de una hora. Somételo a una problemática real del momento y discute con él como discutirías con un colaborador. Esto te permitirá probar en una situación real la manera en que interactuáis y ver el tipo de preguntas que hace. A menudo, lo más sencillo es utilizar un tema de fondo que nunca tienes tiempo de tratar. Después de este momento privilegiado, hazte las siguientes preguntas:

- ¿Me he sentido bien con él?
- ¿Ha sido un buen momento?
- ¿Lo he sentido cómodo?
- ¿Ha hecho preguntas pertinentes?
- ¿Escuchaba?

En un formato muy diferente, también puedes organizar en esta jornada una lluvia de ideas con el conjunto del equipo. El aspecto relajado del ejercicio incitará al candidato a ser él mismo. Y, además, es una excelente manera de calibrar sus interacciones con el resto del equipo. Después de esta jornada, tanto él como tú y tus equipos tendréis una mejor percepción de esta pregunta: ¿estoy seguro de que es la elección correcta? Comunícale tus impresiones, tanto si son buenas como malas, e invítalo a abrirse a su vez de manera totalmente transparente. Si existen dudas de un lado o del otro, esto permitirá generar una discusión constructiva.

Una vez que hayas hablado con sus referencias profesionales y haya hecho una breve inmersión en tu empresa, deberás decidir sobre si quieres o no hacerle una oferta. Veamos algunos consejos complementarios para ayudarte a decidir.

6

Cómo decidir

Tú tomas la decisión final

Como mánager directo del puesto, tienes que ser el único en decidir. Eres el que trabajará con el candidato. Aunque intervengan otras personas de la empresa, su opinión debe ser puramente consultiva.

Si hay una duda, no hay duda

Si hay un solo consejo que debe recordarse en gestión empresarial es el de ser exigente en la elección. Esta frase siempre se cumple: «*It's better to have a hole than an asshole in your team*», es decir, que no contratas para tapar un agujero, sino para conseguir a la persona adecuada. Según la opinión de todos, siempre es mejor esperar unos meses (aunque las cosas puedan ser un poco complicadas durante este periodo) que contratar a la persona inadecuada.

El ritual del pulgar

Tanto después de las entrevistas como de tomar algo con el equipo y el candidato o de una inmersión de una jornada, veamos un método eficaz para coordinar a los colaboradores implicados en la contratación: el ritual del pulgar.

Reúne a todas las personas que han entrado en contacto con el candidato. Pide a los participantes que levanten sus pulgares (o no) según la siguiente regla:

- Dos pulgares levantados = «Es un superperfil, ¡hay que hacer que firme de inmediato!».
- Un pulgar levantado = «Está muy bien, aunque tengo algunos pequeños puntos de vigilancia».
- Ningún pulgar levantado = «Tengo opiniones encontradas».
- Pulgar hacia abajo = «Estoy en contra de que se una a la empresa».

Esta técnica permite ver en unos segundos si existe un consenso y, si es necesario, generar un debate estructurado.

Una vez que te hayas decidido por un candidato hasta el punto de hacerle una oferta firme, nada está zanjado. Recordemos que, en una contratación, sois dos. Para seguir adelante, es necesario que el candidato también esté totalmente convencido de unirse a tu equipo. Así que ahora vamos a abordar cómo puedes llevar al cien por cien el porcentaje de aceptación de tus ofertas.

7

Cómo conseguir un cien por cien de síes

Si te encuentras diciendo *alea jacta est*[11] al enviar una propuesta de contratación por email a un candidato que quieres a toda costa, es que tu enfoque no es bueno. Los mejores reclutadores que he conocido no dejan nada al azar. Veamos sus métodos para asegurarte el cien por cien de aceptación de tus ofertas por los candidatos.

Mide el grado de urgencia del candidato

«¿A qué otros lugares ha mandado su candidatura y para qué puestos? ¿Por qué?»; «¿En qué punto se encuentra en estos otros *process*?»

Estas preguntas son esenciales, porque conocerás mucho más sobre los verdaderos deseos del candidato y su grado de madurez para dejar su trabajo actual. Muchos son ovejas descarriadas que postulan solo para sentir el mercado. Tienes que ser capaz de detectarlos y no perder el tiempo con ellos. Una incoherencia entre el discurso que tiene un candidato y los demás puestos a los que postula debe alertarte. Por ejemplo, si el candidato te dice que quiere a toda costa dejar el universo de los grandes grupos para unirse a una PYME como la tuya, pero que se ha presentado paralelamente solo a otras grandes estructuras, tienes que enfrentarlo a esta contradicción.

Por último, la pregunta sobre el *timing* de los otros *process* te permitirá determinar el grado de urgencia y así actuar deprisa si el candidato realmente te interesa.

Contrata deprisa, muy deprisa

En un mercado de trabajo tenso, los mejores talentos se incorporan a las empresas que contratan más deprisa. Si te alargas, corres el riesgo de que te tome la delantera otra empresa que haya hecho una oferta con mayor rapidez. Además, ser capaz de ir deprisa transmite la imagen de un mánager seguro de sí mismo, eficaz, que sabe adónde va. Un *process* de contratación no debe tomar más de tres semanas, como máximo. Los mejores llegan a cerrarlo todo en 72 horas para perfiles «clásicos». Atención, la reducción del tiempo de contratación no debe hacerse en detrimento de la experiencia del candidato.

La otra ventaja de concentrar el conjunto de las citas en una jornada es que esto forzará al candidato a quitarse la máscara que a menudo lleva durante las entrevistas. Es posible representar el papel de otro durante dos horas, pero es más duro hacerlo durante toda una jornada. Cuanto más avance el día, más cómodo se sentirá y se mostrará cada vez más natural.

Elimina todos los frenos antes de hacer la oferta

Los frenos del candidato deben haberse eliminado durante todo el *process* de selección. El salario, su grado de motivación, sus temores, sus deseos, su adhesión a la cultura de la empresa, las otras ofertas en curso..., si estos temas se han abordado y tratado sobre la marcha y todavía está ahí, ¡es que dirá que SÍ!

Ten una última conversación antes de la oferta por escrito

Cuando llames por teléfono al candidato para comunicarle tu deseo de que se una a tu equipo, explícale en detalle por qué ha marcado la diferencia. Insiste con claridad en el hecho de que es una decisión colectiva y de que está basada en el conjunto de las personas a las que ha conocido. Esto hará que confíe en algunas personas con las que haya tenido un *feeling* menos evidente. Después, intenta comprender en qué punto se encuentra por su parte. Incluso puedes plantearle directamente la siguiente pregunta: «Por nuestra parte, como habrá comprendido, tenemos muchas ganas de que se una a nosotros. Por su parte, ¿cuál es, entre 1 y 10, su nivel de motivación para unirse a nosotros? ¿Qué le falta para llegar a 10?». Esto te permitirá identificar un freno de último minuto que no habías anticipado.

«¿Tiene una última observación que hacerme o algo que comunicarme antes de que formalice una oferta?» también es una pregunta interesante para recoger una eventual puesta al día de sus pretensiones salariales u otras. El objetivo global de esta conversación es asegurarte de que no existe ningún ángulo muerto y de que la propuesta dará en el blanco. Es importante no hacer una oferta «en directo» verbalmente durante esta conversación. Cada cosa a su tiempo: primero tienes esta conversación y después formalizas una oferta y se la comunicas al candidato.

Comunica tu oferta

Para la mayoría de los perfiles, o si la motivación del candidato era evidente en la conversación anterior, puede ser suficiente un envío de tu oferta por email, con un plazo de reflexión de tres días. En efecto, si la rechaza, puedes dirigirte a otros candidatos sin que tengan la sensación de ser una elección por defecto. Para los «grandes perfiles», el proceso puede ser diferente. A veces, es preferible tener una conversación suplementaria para presentar la oferta verbalmente por teléfono o videoconferencia. Estos perfiles son más estratégicos, así que esto te permitirá sentir mejor la acogida de esta oferta y responder a las reacciones en caliente del candidato. Si consideras esta opción, evidentemente debes advertir al candidato de esta nueva etapa durante la conversación anterior de la que hemos hablado antes. En esta conversación, no te andes por las ramas y habla desde el principio de las modalidades económicas, incluyendo la mecánica de retribución variable si la hay, así como los otros elementos importantes de tu oferta (días de teletrabajo, ventajas diversas...).

Concluye la entrevista pidiéndole una respuesta en cinco días. Menos es un poco corto para un puesto estratégico, pero más empieza a ser demasiado largo para decidirse. Asocia después tu llamada a un email que formalice la oferta. Sea cual sea el perfil, procura cuidar el mensaje en el que la formalices para que tus deseos, tu entusiasmo y la superaventura que le propones se reflejen en tu escrito.

Evita el silencio radio durante el periodo de reflexión

Pasadas las primeras veinticuatro horas de reflexión y sin noticias del candidato, no te quedes de brazos cruzados. La guerra de talentos no se gana con una actitud de espera. No dudes en escribirle para decirle que estás a su disposición para responder a sus preguntas si las tiene y para hablar de las eventuales dudas que todavía pueda tener. Si es necesario, proponle una cita con otros participantes en la contratación con los que quiera hablar o con un perfil de la empresa que todavía no conoce.

Mantente alerta a las reacciones de su empleador actual

Si el candidato ocupa un puesto y ha aceptado tu oferta, lo espera una nueva etapa y no es la más cómoda para él: comunicarle a su mánager actual que abandona la empresa. Pregúntale cuándo piensa decírselo, porque es un momento realmente estratégico para ti. Su mánager podría intentar retenerlo a través de una contrapropuesta. En algunos casos, pueden surgir dudas y entonces tienes que estar presente en las horas que siguen para intentar disiparlas.

Ahora sabes cómo definir un *process* de contratación eficaz, hacer vivir una experiencia memorable a tus candidatos y decidir minimizando el riesgo de error y el riesgo de rechazo. Paralelamente a todos estos elementos, en numerosas ocasiones durante mis entrevistas, ha surgido otro tema: la necesidad de contratar a los mejores talentos, lo que recibe comúnmente el nombre de *A players*. ¿Cómo identificar a estas joyas y atraerlas a tu equipo? Veamos algunos consejos.

8

Cómo poner en marcha un radar de *A players*

«Siempre es mejor tener un buen equipo para un proyecto mediocre que un equipo mediocre para un buen proyecto.»

¿Qué es un *A player*?

Un *A player* es un colaborador que hace subir el nivel medio del equipo gracias a sus diferentes cualidades.

- Va con naturalidad más allá de su propio perímetro.
- Se las arregla por sí mismo y no vacila en poner manos a la obra.
- Consigue arrastrar a los demás, los reta y los impulsa hacia arriba.
- La mayoría lo aprecia, es un excelente miembro del equipo.
- Es positivo y enérgico.
- Es curioso, hace avanzar las cosas y las mejora.
- No se contenta con unos resultados mediocres.

Si eres una persona visual, estas tres dimensiones te ayudarán a identificar mejor a un *A player:*

- «sambernardo»: sabe ponerse al servicio de los demás;
- «picapica»: tiene carácter y sabe decir en voz alta lo que otros piensan y se guardan, para conseguir que las cosas se muevan en el sentido adecuado;
- «navaja suiza»: es capaz de arreglárselas por sí mismo en todas las situaciones.

Tres observaciones sobre los *A player*

Todos los mánagers entrevistados que ya han conseguido contratar a muchos *A players* son rotundos:

1. Los *A players* atraen a otros *A players.*
2. Un gran perfil siempre se sentirá tranquilo al ver a otros grandes perfiles y esto lo incitará a unirse a tu aventura.
3. Siempre es mejor contratar *A players* en ciernes que *B* o *C players* confirmados.
4. Apuesta por los potenciales, es decir, por personas que tienen ganas de aprender. En cambio, a un *B* o *C player* que hace lo mismo desde hace demasiado tiempo y que ya no intenta aprender saliendo de su zona de confort, *a priori* le costará más evolucionar hacia el nivel de *A player.*
5. Cuidado con el efecto halo.
6. Demasiados reclutadores se han dejado engañar por

unos CV de oro. No te limites a las experiencias en la empresa de un competidor al que admiras o al diploma de una gran escuela que te hace soñar. Es lo que se llama el efecto halo: una vez que nos forjamos una opinión basada en un elemento que nos deslumbra, evaluamos al candidato a través de este halo inicial. Por lo tanto, el *process* está totalmente sesgado y el riesgo de error aumenta mucho. Y, una vez en la empresa, si no se integra bien, el sueño podría transformarse en pesadilla. Cuanto más bueno sea técnicamente, más lo respetarán y más influencia tendrá sobre los demás. Si su actitud no es buena, podría causar auténticos daños. Estas situaciones son muy perversas, porque, cuanto más dotado esté, más te costará separarte de él.

El síndrome del reincidente

Como reclutador, es corriente buscar, para un puesto, a alguien que ya haya pasado por la misma experiencia en otra empresa. Pero rara vez se recomienda hacerlo, por varias razones:

- Una persona que ya haya hecho lo mismo tendrá tendencia a aburrirse con mayor rapidez que otra.
- Estará preformateado y le costará adaptarse a la cultura de tu empresa.
- Puede tratarse de alguien que se contenta con su puesto sin intentar evolucionar o aprender alguna cosa nue-

va. ¿Piensas que este tipo de persona tiene un lugar en tu equipo de campeones?

Para estos perfiles, conviene profundizar especialmente en las preguntas relacionadas con la motivación y las razones del abandono de la experiencia anterior. En general, las empresas hacen lo posible para conservar y hacer evolucionar a un *A player* que tenga ganas de hacerlo. Si la falta de perspectiva de evolución en su empresa actual es la razón de su marcha, hay que profundizar. Por una parte, esto demuestra un deseo de progresar, pero, por otra parte, tienes que conseguir comprender por qué su empresa no le ofrece estas perspectivas.

¿Qué preguntas hay que hacer para identificar a un *A player*?

Veamos algunas ideas de preguntas que te permitirán saber si te encuentras ante un *A player:*

- «Hábleme de un momento reciente de su vida profesional en el que fue más allá del perímetro de su ficha de puesto. ¿Cuál era el marco? ¿Por qué lo hizo? ¿Cuál fue el resultado? ¿Lo hace de forma natural?»
- «¿Qué problema complejo ha tenido que gestionar? ¿Cómo se enfrentó a él para resolverlo?»
- «¿Se ha lanzado alguna vez a un proyecto partiendo de cero?»

- «¿Qué influencia ejerce sobre sus colegas? ¿Qué impacto tiene sobre ellos? ¿Puede ponerme ejemplos concretos?»
- «¿Lo han promovido en sus trabajos pasados?»
- «¿Su equipo ha tenido fracasos? ¿Cómo ha gestionado estas situaciones?»
- «¿Tiene la costumbre de aprender cosas nuevas? ¿Cómo lo hace? ¿Qué ha aprendido recientemente, por ejemplo?»
- «¿Qué impacto positivo ha dejado en su anterior empleo?»
- «¿Qué le gustaría preguntarme?»
- «¿Cómo ha preparado esta entrevista?»
- «¿Qué cree que puede aportarnos?»

¡Un candidato que ha encontrado sus empleos pasados gracias a las relaciones de su red personal o profesional es un excelente indicio en el sentido de encontrarse ante un *A player*! Los mejores con frecuencia se recomiendan, porque inspiran confianza en su entorno.

En cambio, veamos unos puntos de atención que tener en mente para alertarte sobre el hecho de que el candidato no es *a priori* un *A player*.

- Da respuestas demasiado genéricas, no pone ejemplos concretos, no es capaz de argumentar lo cualitativo con lo cuantitativo.
- Da respuestas demasiado cortas y tienes que animarlo constantemente.
- Se posiciona como «señor/señora sabelotodo».
- Solo habla de sí mismo y nunca del equipo ni de la empresa.

- No hace preguntas pertinentes.
- No ha preparado su entrevista.
- No toma notas.

Después de haber hablado de todas las claves para actuar con astucia en tus contrataciones, queda un punto por abordar: la contratación a distancia.

9

Cómo tener éxito en la contratación, incluso a distancia

Proponer una trayectoria de contratación híbrida, es decir, mezclando presencial y a distancia, puede resultar una buena opción, por diferentes razones:

- Multiplicación de las citas sin obligar al candidato a desplazarse sistemáticamente.
- Más flexibilidad en las agendas para los reclutadores y los candidatos para fijar las citas.
- Sensibilización sobre la forma de trabajo a distancia a través del *process* de contratación, que muestra al candidato que el teletrabajo forma parte de la cultura de la empresa.

Si integras la forma híbrida en el *process*, intenta no superar el equilibrio 20/80: 20 por ciento de videoconferencia y 80 por ciento de cita presencial.

En todos los casos, contratar a distancia no debe ser sinónimo de mala experiencia del candidato, muy al contrario.

Una contratación, aun a distancia, sigue siendo una contratación, y los consejos de las páginas anteriores se aplican todos.

Estructurar, dar ritmo, comunicar..., tienes que compensar la distancia con más rigor.

Cuanto más utilices la forma a distancia, más debe «aumentar» tu trayectoria de contratación:

- más tiempo para preparar tu *scorecard*;
- más personas que presentar al candidato;
- más referencias profesionales con las que hablar.

En efecto, evidentemente es más complicado hacerse una idea precisa de una persona a través de videoconferencias. Por lo tanto, tienes que compensar esta menor capacidad para sentir una interacción con un *process* de contratación más «directo».

RECUERDA

No voy a dejarte acabar este primer capítulo sin unas últimas palabras. Como síntesis general, he reunido aquí los grandes consejos que más me han dado sobre el espinoso tema de la contratación.

- Contratar bien es una cuestión de método.
- Tómate el tiempo necesario para formalizar de forma precisa el perfil que buscas. Nunca es una pérdida de tiempo, muy al contrario.
- Integra una llamada telefónica de precalificación a tu *process* para ganar tiempo.

- Presenta a un máximo de colaboradores al candidato.
- El cliente ya no es el único rey, debe compartir su trono con el candidato y el colaborador.
- Una experiencia del candidato cuidada y un *process* de contratación eficaz son los primeros pasos hacia un nuevo colaborador comprometido.
- La actitud del candidato (motivación, adecuación a los valores y al equipo) siempre debe primar sobre sus competencias «técnicas».
- Si tienes la más mínima duda sobre la actitud del candidato, no lo elijas.
- No contrates nunca a una persona por defecto, solo para evitar tener un puesto vacante. Espera siempre a la persona adecuada, aunque esto comporte algunas dificultades durante un tiempo.
- Contacta siempre con al menos dos referencias profesionales de un candidato que te interese. Si no consigues tenerlas, no sigas adelante con el candidato.
- Asegúrate de que el candidato también esté convencido al cien por cien de unirse a tu empresa. Si no consigues resolver sus dudas, no lo contrates.
- Contratar a distancia es perfectamente posible, pero requiere un grado de exigencia todavía superior que en la forma presencial.

Ahora que sabes cómo contratar a los mejores, pasemos a cómo recibirlos como es debido.

Tercera parte

EL *ONBOARDING* PERFECTO

Nunca tendrás una segunda oportunidad de causar una buena primera impresión.

DAVID SWANSON[12]

Según la experiencia de los mánagers más experimentados, los diez primeros días de un colaborador definen los cien siguientes.

Antes de seguir adelante, debo precisar que el término anglosajón *onboarding* designa el periodo de acogida y de integración de los nuevos colaboradores.

Algunas cifras[13] para ilustrar la importancia del *onboarding* para el colaborador y la empresa:

- El 4 por ciento de los asalariados dejan su trabajo como consecuencia de una primera jornada catastrófica.
- El 70 por ciento de los colaboradores se plantean la cuestión de quedarse o abandonar la empresa en los seis primeros meses.
- Los colaboradores que han gozado de un *onboarding* estructurado y eficaz tienen un 60 por ciento más de posibilidades de quedarse más de tres años en la empresa que los que no se han beneficiado de ello.
- Una empresa que ofrece un *process* de *onboarding* eficaz tiene un 33 por ciento más de colaboradores comprometidos que las demás.

Debes estar convencido y convencer a todos tus colaboradores: el *onboarding* es un *process* estratégico de la empresa. Lo es todo menos una pérdida de tiempo. Al contrario, es construir los cimientos de una relación duradera con el colaborador.

1

Cuatro creencias falsas sobre el *onboarding*

Ningún mánager con el que he hablado ha puesto en marcha un *process* de *onboarding* perfecto a la primera. Todos cometieron errores, pero acabaron, a fuerza de repetir la experiencia, por conseguir el *onboarding* ideal. Para hacerte ganar tiempo, veamos las cuatro creencias falsas que te recomiendo mucho que evites para incorporar plenamente a tus colaboradores desde el primer día.

El *onboarding* se inicia el día de su llegada

Una primera idea preconcebida sobre el *onboarding* es que empieza el primer día de llegada a la oficina del colaborador. Es falso. Debe comenzar antes, desde el acuerdo oral y escrito del futuro colaborador. Hay que gestionar a la perfección este periodo *«from yes to desk»*.[14]

Preavisos, días de fiesta para respirar un poco, a menudo pasan largas semanas entre el momento en que te pones de acuerdo con él y su llegada. Un error clásico es mantener un silencio radio durante este periodo.

Lo ideal es que te comuniques con él cada quince días, más o menos, para mantener el vínculo. Los mánagers que ofrecen *onboardings* más eficaces aprovechan este periodo para meter en el ajo con tranquilidad al futuro colaborador y preparar lo mejor posible su integración.

- Recordarle por email que estás orgulloso de su llegada y las razones por las que has decidido aceptar su candidatura.
- Enviarle su contrato para solucionar lo más pronto posible las eventuales cuestiones sobre los últimos detalles. Además, sentirá que su nueva empresa es reactiva y eficaz.
- Pedirle toda la información administrativa necesaria. Siempre será una ganancia de tiempo para dedicar el día de su llegada a cosas más impactantes.
- Enviarle artículos recientes sobre tu mercado, la competencia...
- Mandarle un libro pertinente relacionado con tu empresa o su futuro papel. Sin embargo, no necesariamente tienes que mandarle una obra ligada al mundo de la empresa. En efecto, puedes salirte de los senderos trillados para sorprenderlo. Ejemplo: una fábula de La Fontaine para ilustrar uno de tus valores o tu estrategia del momento.
- Enviarle un anuario divertido de su futuro equipo con los nombres, las fotos, los puestos y, por ejemplo, las pasiones o los placeres culpables de cada uno. El día D, se sentirá más cómodo sabiendo quién es quién.
- Pedirle que te envíe unas líneas de presentación personal para transmitir al resto del equipo antes de su llegada.

- Invitarlo a un acto importante de la empresa (salón, seminario, *team building*) que tenga lugar antes de su llegada o salir con él a tomar una copa con el equipo.
- Enviarle un cuestionario de satisfacción del *process* de contratación.

No se recomienda hacerle producir cosas significativas antes de su incorporación. Esto podría asustarlo (¡con toda la razón!) sobre el futuro ritmo de trabajo que le espera. Para empezar a edificar una relación de confianza, es importante respetar el final de su contrato en curso o la pausa que quiere disfrutar entre sus dos trabajos. Piensa también en enviar, en los días que precedan a su llegada, un email al resto del equipo y a las personas clave con las que tendrá que trabajar, que indique:

- su nombre/apellidos;
- los elementos clave de su trayectoria, con un enlace a su perfil de LinkedIn;
- las razones por las que se ha elegido su candidatura;
- su misión y los retos de su puesto;
- la fecha de su llegada;
- el papel de cada uno en su integración.

El *onboarding* termina en una semana

La fase de integración es una maratón, pero, sobre todo, no un esprint. Quítate de la cabeza que integrar a un nuevo colaborador toma unos días. Es un error clásico que perjudica el compromiso y la eficacia de los nuevos colaboradores.

Según la opinión de los mánagers más experimentados en el tema, un buen *onboarding* no dura menos de tres meses.

El *onboarding* está reservado a los grandes perfiles

¡Falso! Nadie debe dejarse de lado. Cada colaborador que se une a la empresa tiene que beneficiarse de un *onboarding* estructurado. Desde el estudiante en prácticas hasta el contrato indefinido, desde el agente de seguridad hasta el comité de dirección, nadie debe ignorarse. Un equipo ideal nunca puede constituirse considerando solo a los que gozan de los salarios más altos. Todas las personas cuentan.

El *onboarding* es *feeling*

¡No! No cabe duda de que hay que gestionar la acogida de los nuevos con *feeling* y reinventar la rueda cada vez. El *onboarding* debe pensarse, estructurarse, formalizarse y compartirse para una experiencia coherente de una llegada a otra. Para que sea eficaz, el *onboarding* debe tener una mecánica engrasada regularmente y actualizada según la evolución de la organización de la empresa. Para industrializarlo, tienes que escribirlo y debe seguirse al pie de la letra.

Ahora que tienes en mente las cuatro grandes trampas que debes evitar en el *onboarding*, pasemos a cómo construir un *process* de acogida eficaz.

2

Cómo construir un *onboarding* ideal

Para realizar un *onboarding* eficaz, solo tienes una solución: tomarte el tiempo de escribir su hoja de ruta, puesto por puesto. Cuanto mayor sea el tamaño de tu empresa y más estructurada esté, más podrás unificar estos momentos.

Durante la preparación de este libro, tuve la oportunidad de analizar una quincena de *process* de *onboarding* muy eficaces. Gracias a ello, pude darme cuenta de que contienen sistemáticamente tres elementos: un tronco común, unas opciones y unos encuentros.

El tronco común

Empieza por hacer una lista de TODO lo que debe saber una persona que llega a tu empresa.

Las empresas cuyos *process* de *onboarding* son más eficaces abordan los siguientes temas:

La misión de la empresa

El concepto de misión, a menudo pasado por alto en el *onboarding*, es esencial para involucrar al colaborador lo más rápidamente posible. La misión es la razón de ser de la empresa (volveremos a hablar de esto más adelante). El recién llegado debe comprender desde los primeros días, sea cual sea su puesto, en qué gran proyecto participa, es decir, por qué razón ahora va a levantarse cada mañana. Por otra parte, debe sensibilizarse al candidato sobre este tema desde la contratación.

La cultura de empresa y los valores

Estos temas normalmente también se han eliminado de la fase de contratación. Sin embargo, es esencial recordárselos, explicando cada valor e ilustrándolos con ejemplos concretos. La cultura va más allá de los valores. Hay que tomarse el tiempo de explicar las formas de comunicación interna, los rituales recurrentes, la jerga de la casa, la política sobre los horarios, las vacaciones...

La evolución histórica de la empresa

Tanto si tu empresa existe desde hace cinco decenios como si solo tiene dos años, contar su historia permite a los recién llegados embarcarse mejor en la aventura. Saber de dónde venimos a menudo es la clave para saber adónde vamos. El nacimiento con el relato del encuentro de los fundadores, los momentos importantes, los tiempos difíciles: con un *storytelling* eficaz, aumentarán todavía más las ganas de los recién incorporados de formar parte de esta historia. Hablarán de su nuevo trabajo con su entorno de manera más impactante y entusiasta.

El business model

Sea cual sea el puesto que ocupe el recién llegado, es indispensable que todo el mundo comprenda cómo gana dinero la empresa.

Las cifras clave

Precisar desde la entrada en la compañía algunas cifras clave es indispensable. La elección de los indicadores presentados debe explicarse con mucha pedagogía. Cada recién llegado comprenderá entonces cuáles son los puntos vitales de la empresa. En caso de dificultades financieras, entenderá mejor la situación y estará más comprometido para contribuir a enderezar las cosas.

La visión a medio y largo plazo

Para sentirse en consonancia y compartir la misma dirección, cada colaborador debe comprender dónde debe estar la empresa al cabo de tres o cinco años.

Los retos de la empresa

Más allá de la visión y la misión, cada uno debe comprender los grandes retos a los que la empresa tendrá que enfrentarse. Tanto si tienen relación con las grandes tendencias del mercado como con la evolución de la competencia o los cambios reglamentarios, todos los nuevos colaboradores deben tenerlos en mente.

La organización

Disponer de un organigrama y recibir explicaciones sobre este es fundamental para comprender lo más rápidamente posible quién hace qué.

Una vez enumerados estos grandes temas, define después: quién podría encargarse de compartir este tronco común; qué contenido concreto debe presentarse; qué soportes deben elaborarse (documentos escritos, vídeos, pódcast...); qué formato utilizar (desayuno, reunión clásica, aperitivo de bienvenida, duración, número de participantes y frecuencia según el ritmo de contratación...).

La hoja de ruta del onboarding

A la llegada, debes comunicar el marco del *onboarding*. Será un factor muy importante para dar seguridad. Es esencial entregar una hoja de ruta del *onboarding* al recién llegado:

- la primera semana
- el primer mes
- los tres primeros meses

Para cada fase, debes explicarle de forma precisa lo que esperas de él y el acompañamiento que le vas a proporcionar.

No olvides el informe de asombro

Según la opinión general, es una excelente herramienta que permite reforzar la cultura del *feedback*. Un mes después de la llegada del colaborador, permite recoger sus impresiones con su mirada nueva sobre lo que lo sorprende para bien y no tan bien en la empresa. Hacerlo en un marco más informal que una sala de reuniones (un almuerzo fuera, por ejemplo) favorece los intercambios con total transparencia.

Debes insistir sobre la importancia, para el colaborador, de prepararlo y formalizarlo. Para ayudarlo a ello, entrégale una serie de preguntas a las que deberá responder.

Veamos algunos ejemplos:

- «¿Existen diferencias entre la imagen que te habías hecho de tu puesto y la realidad?»
- «¿Qué te ha faltado durante las primeras semanas con nosotros?»
- «¿Cuál es, desde tu punto de vista, la principal fortaleza del equipo?»
- «Si tuvieras que añadir o cambiar alguna cosa en la organización o el funcionamiento del equipo, ¿qué sería?»

Sobre los ejes de mejora más pertinentes mencionados por el colaborador, no vaciles en preguntarle lo que tiene en mente para optimizar las cosas y proponerle que ponga en marcha su idea.

Las opciones

Según los puestos (comerciales, desarrolladores, marketing...) y los perfiles (estudiantes en prácticas, personas con un contrato temporal o indefinido...), puedes imaginar trayectorias laborales personalizadas que se añadirán al tronco común. Estas opciones deben ser, al igual que el tronco común, pensadas y estructuradas.

Reflexiona, con las personas involucradas, en tu organización y en los temas que deben abordarse. El contenido de estos elementos personalizados del *onboarding* puede adquirir formas diferentes, como leer un libro, mirar un vídeo o participar en una formación.

Los encuentros

Un buen *onboarding* es un *onboarding* colaborativo. Un recién llegado debe conocer a un máximo de personas con las que tendrá que trabajar, de cerca o de lejos.

También en este caso, deben definirse las trayectorias de los encuentros en cada equipo, según los puestos y los perfiles.

El contenido de este conocimiento de lo que hace el compañero debe formalizarse en forma de una guía de entrevista para asegurarse de que una persona que reciba a un recién llegado abordará bien todos los temas clave. Para cada familia de puestos, debes tener una lista de personas a las que recurrir.

Los mánagers que realizan los *onboardings* más eficaces envían a todos los colaboradores (desde el recepcionista hasta el director financiero) a una inmersión en el servicio al cliente o a una cita comercial. Todo el mundo debe comprender, desde sus primeros pasos en la empresa, quiénes son los clientes, por qué utilizan tu producto o tu servicio.

Una vez definidos todos estos elementos con todas las partes implicadas, debes formalizarlos en un documento que servirá de hoja de ruta de cada *onboarding*.

Veamos un ejemplo de formalización de *process* de *onboarding* utilizando el tronco común, las opciones y los encuentros:

Tronco común		
Etapa	**Quién**	**Cuándo**
Descripción de la misión y los valores de la empresa	Director general	D+2
Descripción del *business model*	Director financiero	D+5
Informe de asombro	Recién llegado	M+I
...		

Opción (para un comercial)		
Etapa	**Quién**	**Cuándo**
Lectura del libro *El vendedor de élite*	Office Manager	D+2
Formación «Convertirse en supervendedor»	Organismo de formación	D+5
...		
Encuentros (para un comercial)		
Etapa	**Quién**	**Cuándo**
Dos horas para comprender los *process* de administración de las ventas	Responsable de ventas	S+l
Tres días para valorar las dificultades de los clientes	Directora del servicio al cliente	S+l
...		

Una vez que hayas definido de forma precisa tu *process* de *onboarding*, tendrás que ponerlo en práctica. Primero vamos a centrarnos en los primeros días, que son los más críticos. Veamos a continuación unos consejos que marcarán la diferencia y harán único este momento.

3

Cómo hacer agradables
los primeros días

Estrés, miedo a lo desconocido o a no estar a la altura, los primeros días en la empresa raramente son los mejores para un colaborador. Veamos unos consejos probados que te permitirán, al contrario, hacerlos agradables e impactantes.

Envía el email «¡El primer día!»

Cambiar de empresa es como mudarse, es una mezcla de excitación y estrés. Para reducir la ansiedad, la única solución es iluminar todas las zonas de sombra:

- «¿Cómo tengo que vestirme el primer día?»
- «Espero que no terminen demasiado tarde.»
- «¿Se traen el almuerzo de casa?»

Todas estas pequeñas preguntas que el candidato se plantea antes del día D pueden generar estrés. Para reducirlas, manda un email al recién llegado tres días antes de su incorporación para indicarle cierto número de elementos concretos de la cultura de la empresa:

- la hora de llegada del primer día;
- la hora de salida de la mayoría de los colaboradores por la tarde;
- los principales rituales del equipo;
- la forma de vestir esperada;
- las grandes líneas de su primera semana.

Dedícale la jornada de su llegada

El mejor día para el inicio de tu nuevo colaborador es aquel en el que tengas tiempo. Es probable que tu agenda esté cargada, así que, si no tomas cartas en el asunto, nunca tendrás un momento adecuado para recibirlo. Proponle una fecha en la que no tengas casi nada en la agenda y resérvale la jornada. Para tener la sensación de que es esperado, el recién llegado debe sentir que estás a su lado y cien por cien disponible. Si tienes que enfrentarte a una urgencia, aplaza, en la medida de lo posible, la llegada del colaborador en cuestión. Probablemente estará contento de tener un día libre más y le evitarás una primera impresión no muy buena.

Todo debe estar listo

No hay nada peor que llegar y tener que pasarse dos horas en el departamento de informática esperando que te configuren el ordenador. La víspera de su llegada, todo debe estar ya listo: mesa, ordenador, correo electrónico, acceso a las herramientas, cuaderno, bolígrafos. Ahórrale tener que pedir o incluso tener que realizar él mismo estos preparativos. Debe tener la mente libre para encontrarse con todo el mundo e impregnarse de la cultura. Por lo tanto, redacta una lista de control en forma de *retroplanning* para todas las futuras llegadas, que permitirá anticipar lo que hay que preparar y cuándo hacerlo.

Pequeños detalles que marcarán la diferencia

Fijar un globo hinchado con helio a su silla, dejarle un regalito de bienvenida, un collar de flores o unas palabras manuscritas y firmadas por todo el equipo en la mesa son pequeñas atenciones que no cuestan mucho, pero que pueden sorprender agradablemente al recién llegado. Para alegrarle la llegada, pregúntate lo que dirá al regresar a su casa cuando su pareja le pregunte: «¿Qué tal tu primer día?».

La importancia del primer almuerzo

Todos tenemos la imagen del alumno que acaba de llegar a un nuevo instituto y deambula solo con su bandeja en medio del comedor durante su primer día. Para evitar este momento molesto, prevé de antemano un almuerzo de equipo en las agendas de tus otros colaboradores. La presencia de todos debe ser obligatoria para demostrar a la persona que llega la importancia que concedes a su llegada. Aunque tengas un comedor en la empresa, piensa en un restaurante exterior, para que sea un momento especialmente festivo. Y anticípate, no hay nada peor que encontrarse, al final, almorzando en una sala de reuniones porque todos los restaurantes más agradables del barrio están completos. Por último, pagar el primer almuerzo del recién llegado siempre es una tradición simpática.

Aplica la regla de los 80/20 para su primera semana

Todos hemos vivido las horas enteras pasadas en una oficina leyendo por decimoquinta vez el folleto de presentación de la empresa porque no tenemos otra cosa que hacer. No hay nada peor que sentirse dejado de lado y marcharse con la moral por los suelos el primer día. Los primeros días, el tiempo pasado en su puesto generalmente es tiempo perdido. Todavía no tiene nada concreto que hacer, por lo tanto, el recién llegado debe pasar tiempo en otra parte. Debes estructurar su agenda incluso antes de su llegada según la regla de los 80/20: el 80 por ciento del tiempo conociendo a un máximo de personas y el 20 por ciento en su puesto de trabajo, para respirar un poco y meterse en el ajo.

Ofrécele un regalo de bienvenida personalizado del equipo

En lugar de un enésimo *tote bag* o una taza, ofrécele un regalo que venga del equipo.

Veamos algunas ideas:

- Una selección de los libros preferidos de cada miembro del equipo.
- El libro de recetas del equipo: cada uno redacta su mejor receta y se recopila todo en un libro hecho a mano.
- La *playlist* de los miembros del equipo con sus títulos de música preferidos.
- Una guía de viaje de España en la que cada persona comparte su destino preferido con sus mejores referencias.

Sea cual sea la idea elegida, será mucho más personal y ayudará a tener unos primeros temas de conversación con el equipo.

Adjudícale un padrino o una madrina

El acompañamiento del recién llegado por un referente es interesante para suavizar su integración. El padrino puede crear un vínculo con su ahijado desde el primer día a través de un café informal para presentarse y explicar su papel. Durante el primer mes, lo ideal es que almuerce con él una vez a la semana. Su función es responder a todas las preguntas del nuevo colaborador y compartir con él sus conocimientos de la compañía, que pueden ir desde los planes del comité de empresa hasta la dirección de la mejor pizzería del barrio.

Consigue un *onboarding* lúdico

Una lista de cosas que hacer (*checklist*) es una buena herramienta de *onboarding* por dos razones principales.

1) El recién llegado se convierte en actor de su onboarding

Para evitar unos primeros días demasiado deprimentes, la *checklist* tiene la ventaja de invitar al recién llegado a realizar él mismo cierto número de acciones, como ir al encuentro de otros participantes de la empresa, integrar informaciones clave...

2) Da sus primeros pasos con éxito

Esta lista solo debe contener cosas que se puedan efectuar con facilidad. Esto permite generar confianza en el nuevo colaborador para sus primeros pasos en la empresa.

El calendario de Adviento del *onboarding*

Para escalonar los elementos de esta lista de cosas que hacer, también puedes prever un sistema de *newsletter*. Como en un calendario de Adviento, el colaborador recibirá cada día una nueva acción que realizar o una nueva información sobre la empresa.

Hazle redactar su «manual de instrucciones para el trabajo»

Lo que llamo su manual de instrucciones para el trabajo es un documento que centraliza y describe las maneras en las que el recién llegado funciona en el universo profesional.

Veamos algunos ejemplos de informaciones que pueden figurar:

- ¿Cuáles son las obligaciones personales que debo tener en cuenta? (Ejemplos: dejar al niño en la escuela por la mañana, clase de deporte el martes al final de la jornada...)
- ¿Cuál es mi principal «alergia» en los demás? (Ejemplos: el retraso, los «Señor/Señora Sabelotodo»...)
- ¿Hay algo en mí que pueda molestar a los demás? / ¿Cuál es mi mala costumbre? (Ejemplos: hablo muy alto, a menudo llego tarde...)
- ¿Cuál es el mejor momento para ponerme una reunión? (Ejemplos: temprano por la mañana, antes del almuerzo...)
- ¿Cuál es el mejor canal para contactar conmigo en caso de urgencia? (Ejemplos: llamada telefónica, SMS, WhatsApp...)

Proponle que informe sobre su manual de instrucciones a sus colegas con motivo de una reunión de equipo.

Comparte también con él los manuales de instrucciones de cada miembro del equipo, así como el tuyo. Esta herramienta permite acelerar el conocimiento de unos y otros, y fluidificar la colaboración desde el inicio.

La pregunta que hay que plantear

Para empezar bien una nueva relación mánager/colaborador, veamos una doble pregunta cruzada que se puede plantear.

Cuando se es mánager:

- «¿Qué esperas de mí como mánager?»
- «¿Qué espero de ti como colaborador?»

Cuando se es colaborador:

- «¿Qué esperas de mí como colaborador?»
- «¿Qué espero de ti como mánager?»

Lo mejor es que cada uno tenga una semana para reflexionar en la pregunta antes de poner en común las respuestas cara a cara.

Estas dos preguntas son muy eficaces para generar una discusión constructiva sobre las expectativas y necesidades respectivas.

Las respuestas a estas preguntas darán a cada uno las claves para empezar con las mejores bases posibles.

Envíale el email de los cien días

Para cerrar oficialmente el periodo de *onboarding*, no hay nada como un email sorpresa para celebrar el día cien de la presencia del colaborador. El email debe ser festivo y personalizado, y precisar al colaborador por qué estás orgulloso de que forme parte del equipo.

El efecto Pigmalión

¿Conoces los efectos Golem y Pigmalión? Son profecías autorrealizadoras inicialmente estudiadas en el universo escolar. Cuando un profesor cree en un alumno, este último tendrá más posibilidades de ser bueno. Es el efecto Pigmalión. Al contrario, pensar que un alumno es un «inútil» solo va a amplificar el fenómeno. Es el efecto Golem.

Y todo esto no tiene nada de mágico, porque, en realidad, si se espera mucho de alguien, se lo estimulará más, se le confiarán más temas clave y se lo acompañará mejor. En suma, se construirá el mejor entorno para que sea eficaz y se potenciará su confianza en sí mismo. La fase de *onboarding* es una fase durante la cual un nuevo colaborador puede dudar de sí mismo. Por lo tanto, debes jugar a fondo con el efecto Pigmalión. Observa lo mejor que hay en él, dale tu confianza *a priori* y no *a posteriori*, mándale regularmente un *feedback* positivo, acompáñalo con benevolencia y mecánicamente dará lo mejor de sí mismo.

Mantente presente

Como mánager directo, debes ser el director de orquesta del *onboarding* de un recién llegado.

Lo ideal es que preveas estos momentos con él:

- Una larga conversación individual el primer día para definir el marco de su fase de integración.
- El tiempo de un café varias veces durante la primera semana para tomar la temperatura.
- Una reunión de treinta minutos el viernes de su primera semana para informarse sobre sus primeros días y responder a todas sus preguntas.
- Una reunión cada semana de forma individual anotada en las agendas respectivas a partir de la segunda semana para mantener un tiempo de intercambio regular.

El tema candente del periodo de prueba

Desde el primer día

Los mánagers más experimentados recomiendan repetir sistemáticamente el periodo de prueba de todos los colaboradores. Esto les permite concederse un máximo de tiempo para validar que la colaboración marcha bien. Sin embargo, para hacerlo, hay una sola condición que respetan siempre: hablar de ello desde el primer día al colaborador. Si esperas, aunque sea al final de la primera semana, para anunciarlo, corres el riesgo de romper el inicio de confianza que empiezas a construir con él.

Podría preguntarse (con toda la razón): «¿No estoy a la altura?», «¿Ya tiene dudas?». Díselo desde el principio, sobre todo, para no convertirlo en un problema. Respeta bien los plazos de información al colaborador para una comunicación fluida y evita los errores administrativos que puedan desacreditarte.

Doble sentido

Insiste igualmente en el hecho de que el periodo de prueba se ejerce en los dos sentidos. También permite al colaborador asegurarse de que está en el lugar adecuado y de que desea continuar la aventura. Algunos mánagers a veces quieren validar los periodos de prueba de buenos perfiles lo más rápidamente posible para «amarrarlos». No es un buen enfoque. No debes plantearte recurrir a una cláusula jurídica para retener a los buenos perfiles. Si se sienten en el lugar adecuado, conectados a su talento y en un entorno de confianza, el aspecto jurídico solo será un detalle.

Repite el *onboarding* a los que vuelven

Permiso de maternidad, enfermedad o año sabático, es frecuente que un colaborador tenga que ausentarse durante un periodo largo antes de acabar por regresar. ¡Pero cuidado con el regreso! La organización, los objetivos, la estrategia..., habrán cambiado muchas cosas después de un año dando la vuelta al mundo o del nacimiento de un hijo. Y, muy a menudo, no se hace nada para volver a aclimatarlo, lo cual suele conducir a una «depre» del retorno. Debes prever un nuevo *onboarding* que le permita ponerse al día, disfrutar de un regreso suave y sentir que todavía tiene un verdadero lugar con nuevos retos futuros.

4

El *onboarding* perfecto incluso a distancia

Casi todos los consejos de los que hemos hablado en esta parte se pueden aplicar en el marco de un *onboarding* parcial o totalmente a distancia.

Apropiarse de la cultura de la empresa, crear un vínculo con los nuevos colegas, comprender su papel..., las necesidades fundamentales de un recién llegado, tanto a distancia como de forma presencial, son las mismas.

En cambio, a distancia, con la sensación de aislamiento o la ausencia de comunicación no verbal, estas necesidades se exacerban. Por lo tanto, hay que adaptar la trayectoria a este contexto y proponer un *onboarding* «aumentado»:

- Más encuentros, pero más cortos para evitar una sobredosis de videoconferencias.
- Conversaciones cara a cara más frecuentes contigo.
- Un papel de padrino todavía más importante y estructurado.
- Una lista de acciones que debe realizar aún más llena para que no se aburra cuando no haya videoconferencias.

- Un regalo enviado a su domicilio que contenga sorpresas para que le llegue la cultura de la empresa.
- Un *feedback* positivo todavía más frecuente.

Como habrás comprendido, tienes que multiplicar tu creatividad y adaptar las etapas con el recién llegado para compensar la pérdida de relación física debida al alejamiento geográfico.

RECUERDA

No voy a dejarte terminar esta segunda parte sin unas últimas palabras. Como síntesis general, he reunido aquí los grandes consejos que más me han dado sobre el tema del *onboarding*.

- El *onboarding* es una fase crítica de la vida del colaborador.
- La calidad de tu *onboarding* tendrá un impacto directo sobre la eficacia de tu colaborador durante su primer año.
- El *onboarding* no debe durar menos tiempo que su periodo de prueba.
- El *onboarding* lo es todo menos una pérdida de tiempo.
- Si tienes dudas sobre el colaborador durante esta fase, prescinde de él.
- Si él tiene dudas durante esta fase, debe prescindir de ti.

- Recupera un máximo de *feedback* por parte de cada recién llegado para hacer evolucionar regularmente tu *process* de *onboarding*.
- Aunque una fase de integración basada en la forma presencial es muy recomendable, es posible recibir a un colaborador a distancia. Sin embargo, requiere el establecimiento de una trayectoria «aumentada».

Cuarta parte

EL MÉTODO DREAM PARA TRANSFORMAR A TU EQUIPO EN DREAM TEAM

Solos vamos más rápido, juntos llegamos más lejos.

Proverbio popular

Una vez que has contratado a la persona adecuada y la has impulsado mediante una integración de fábula, queda lo más difícil: mantener su compromiso.

1

Los cinco pilares del compromiso

Cerca del 90 por ciento de los asalariados no se sienten comprometidos con su trabajo.[15] Una primera lectura de esta cifra produce escalofríos. Pero ver el vaso medio lleno permite entrever una increíble oportunidad de actuar mejor y mejorar las cosas. Las horas de discusión sobre el tema con los mánagers que he conocido me han permitido conceptualizar la noción de compromiso. Para sentirse comprometido, un colaborador necesita cinco elementos clave:

* Una dirección: tener sentido.
* Reconocimiento: ser valorado.
* Un entorno social: crear vínculos de confianza con los colegas.
* Autonomía: tener responsabilidad e impacto.
* Más competencias: aprender cosas nuevas.

He aquí un medio mnemotécnico simple para recordar estos cinco elementos:

- Dirección
- Reconocimiento
- Entorno social
- Autonomía
- Más competencias

Recordando la palabra «DREAM», te vendrán con facilidad a la mente los cinco elementos del compromiso de tus colaboradores.

He conceptualizado estos cinco elementos como los pilares de un templo, el del compromiso. Si falta uno de estos elementos, el compromiso empieza a desestabilizarse.

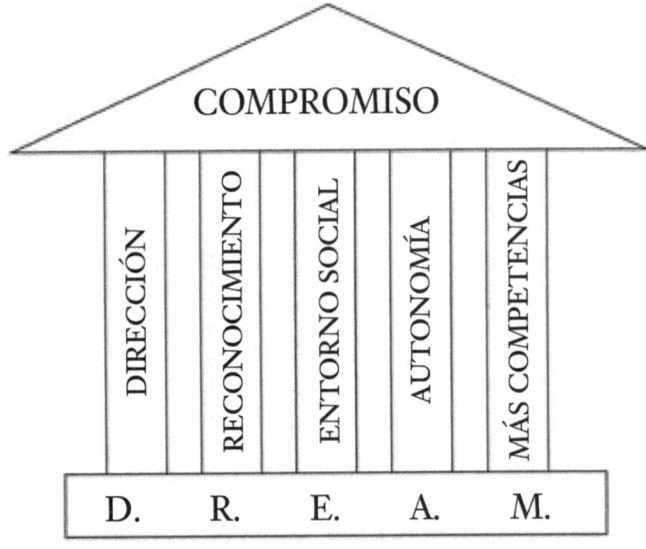

Las siguientes páginas del libro tienen por objeto ayudarte a consolidar tu templo del compromiso a través de la respuesta a estas preguntas «DREAM».

- Dirección: ¿cómo dar sentido a lo que hacen tus colaboradores?
- Reconocimiento: ¿cómo valorizarlos?
- Entorno social: ¿cómo crear vínculos de confianza entre ellos y favorecer un buen ambiente?
- Autonomía: ¿cómo responsabilizarlos bien?
- Más competencias: ¿cómo permitirles aprender cosas nuevas?

El conjunto de las técnicas descritas a continuación en este libro permitirá que cada uno de tus colaboradores esté cien por cien comprometido y dé lo mejor de sí mismo.

Controla el nivel de compromiso global con el índice de recomendación

La noción de compromiso puede parecer abstracta y difícil de medir. Para determinar el nivel de compromiso, algunos mánagers utilizan un indicador: el índice de recomendación. Permite medir la calidad de la marca de empleador internamente.

Para determinarlo, plantea la siguiente pregunta a todos tus colaboradores: «En una escala de 1 a 10, ¿recomendarías a uno de tus parientes o amigos que viniera a trabajar a la empresa?».

Los que responden 9 y 10 se consideran embajadores, los que contestan 7 y 8, como pasivos (ni detractores, ni embajadores) y los que están entre 1 y 6, como detractores.

Entonces el índice de recomendación se calcula así:

Índice = Porcentaje de embajadores - Porcentaje de no embajadores.

Un índice de recomendación se considera:

- aceptable si se encuentra entre 1 y 9;
- bueno si está comprendido entre 10 y 29;
- muy bueno, entre 30 y 49;
- excelente si es de 50 o más.

Los colaboradores solo serán sinceros si las respuestas son anónimas. Por lo tanto, el índice de recomendación permite conocer una temperatura global y no individual.

2

Dirección: cómo dar sentido

De los cinco pilares «DREAM» del compromiso, el de indicar una dirección, es decir, dar sentido, es en el que más han insistido las personas que han contribuido en este libro. Para ilustrar su importancia, veamos una fábula que me parece muy elocuente.

La fábula del picapedrero

En 1165, un hombre encuentra en su camino a tres picapedreros.

Al primero, que trabaja mecánicamente su piedra con un aspecto sombrío y cansado, le pregunta:

«¿Qué hace, señor?».

«Bah, ¿acaso no se ve? ¡Soy picapedrero, así que tallo una piedra!», le responde el hombre, un poco molesto, sin siquiera levantar la cabeza.

Después se acerca al segundo, ocupado en la misma tarea, y le hace la misma pregunta. Este le responde con más amabilidad: «Tallo la piedra angular de un arco de bóveda».

Entonces se dirige hacia el tercer picapedrero, que parece el más apacible de los tres. Ninguna señal de fatiga altera los rasgos de su rostro mientras talla una piedra similar, exactamente con las mismas herramientas que los otros dos. Cuando nuestro hombre le pregunta lo que está haciendo, el picapedrero le responde con una gran sonrisa: «Construyo una catedral».

Esta fábula, a menudo atribuida al escritor francés Charles Péguy, ilustra muy bien la importancia de dar sentido a los colaboradores. Dar una «visión de catedral» permite transformar cualquier tarea en un formidable proyecto. Comprender que se forma parte de un proyecto potente y colectivo que nos supera permite obtener una adhesión y un compromiso fuerte por parte de los colaboradores.

Es necesario que, individualmente, cada miembro del equipo comparta la misma visión colectiva para que surja un sentimiento de pertenencia y, por lo tanto, de compromiso.

A todos los niveles de la empresa, cada uno debe saber que es el artesano de un gran proyecto, cuya historia está orgulloso de contar y de decir que es uno de los actores.

Para conseguirlo, los mejores mánagers que he conocido comparten los «cuatro porqués»:

- el «porqué» de la empresa
- el «porqué» del equipo
- el «porqué» del colaborador
- el «porqué» de cada petición

De lo más grande a lo más pequeño, pueden representarse en forma de una pirámide:

Comparte los «cuatro porqués»

El porqué de la empresa

El consultor de organización angloestadounidense Simon Oliver Sinek ha hecho tomar conciencia, en su libro *Start with Why*,[16] de la importancia de preguntarse sobre la razón de ser de una empresa.

Su idea es sencilla pero eficaz. Todas las empresas saben lo que hacen (su *what*), sea cual sea su actividad. También saben decir cómo lo hacen (su *how*), es decir, con qué propuesta de valor en su mercado. En cambio, lo que a menudo es más borroso es la razón de ser de la empresa (el famoso *why*).

Para él, cada empresa debería empezar por definir su porqué y después deducir el cómo y el qué. Ve en ello una manera muy poderosa de vender una marca e inspiración en lugar de simples productos. Su ejemplo emblemático es la marca de productos informáticos Apple, con su eslogan

«*Think Different*» («Piensa diferente»), que no vendía ordenadores, sino que vehiculaba una visión que permitía salirse de los senderos trillados mediante la creatividad. Apple no vende simplemente ordenadores, Apple hace más creativos a sus clientes.

Explicar a tus colaboradores (e incluso a los candidatos que postulan) el porqué de la empresa es explicarles en qué gran proyecto común participan y dar sentido a esta gran pregunta: ¿por qué razón me levanto todas las mañanas?

El «porqué» corresponde pues a la misión de la empresa. Concretamente, debe tratarse de una frase clara y precisa, comprensible tanto interna como externamente. Debe contener verbos de acción y expresar la singularidad de la empresa.

Veamos algunas preguntas que puedes plantear para definir la misión:

- ¿Cuál es nuestra razón de ser?
- ¿Qué ocurriría si nuestra empresa no existiera?
- ¿Qué aportamos a nuestros clientes?
- ¿Con qué objetivo se creó la empresa?

Consideremos dos ejemplos de misión de empresas:

- Danone: alimentar a los ciudadanos, las comunidades y el mundo gracias a unos productos alimentarios sanos.
- Decathlon: hacer accesible a la mayoría el placer y los beneficios del deporte.

La técnica de la silla vacía

En algunas empresas, en cada reunión, se deja una silla vacía para simbolizar la presencia de la razón de ser. Cada decisión estratégica se observa a través del prisma del «porqué», con el fin de seguir siendo coherentes y estando alineados con el proyecto de partida.

No forzosamente debe hacerse cada vez, pero es una técnica eficaz para no alejarse de lo esencial cuando hay que tomar decisiones importantes.

Una buena idea de Elon Musk

¡No te preocupes, no voy a considerar a Elon Musk como modelo del mánager perfecto! Pero puso en marcha una práctica que me parece muy interesante en una de sus empresas emblemáticas: SpaceX. Elon Musk mandó fijar en todos los servicios (marketing, contabilidad, técnicos, administración…) fotos de la conquista espacial un poco por todas partes en las oficinas. ¿Por qué? Pues bien, para exponer diariamente a todos sus equipos la razón de ser final de su trabajo. Aunque esté en SpaceX para repartir el correo de los asalariados, estas fotos me recuerdan todos los días que soy el eslabón de una cadena que permite, al final de todo, participar en la conquista espacial. Interesante, ¿verdad?

El porqué del equipo

Una vez que cada colaborador tiene bien clara la gran misión de la empresa, hay que hacer exactamente el mismo ejercicio, pero a escala del equipo. Debes tomarte el tiempo de explicar para qué sirve el equipo y qué impacto positivo tiene en la empresa en su conjunto. Muy pocos mánagers dedican un tiempo a hacerlo, porque piensan que es evidente. Sin embargo, no lo es; resulta esencial formalizarlo con tu equipo para compartir el mismo sentido de tu acción.

El porqué de cada colaborador

Después de la empresa y el equipo, sube un poco más en la pirámide y dedica un tiempo a explicar a cada colaborador la importancia de su papel en el seno del equipo, qué impacto tiene en la colectividad y cómo tira de ella hacia arriba. De la misma manera que deben explicarse colectivamente los «porqués» de la empresa y del equipo, debe exponerse personalmente el «porqué» del colaborador.

El porqué de cada petición

Ya estás en la cumbre de la pirámide de los «cuatro porqués». En tus conversaciones y tus peticiones, tanto si son orales como por email o por teléfono, tómate el tiempo de aportar el contexto, de explicar el porqué, el objetivo, el impacto... Debes hacer brillar cada acción cotidiana, transformar el carbón en diamante. Por ejemplo, no mandes a un colaborador un email que indique únicamente: «¿Puedes actualizar el archivo de las tarifas de los competidores y enviármelo mañana antes de las once?». Mejor mándale este: «Quiero tratar con el comité de dirección el tema de nuestro posicionamiento en precios. El trabajo que ya has hecho sobre la comparación de precios con respecto a la competencia pienso que los va a hacer reaccionar, pero necesitaría un archivo perfectamente actualizado para que tomemos las decisiones correctas. ¿Podrías actualizarlo y mandármelo mañana a las once? Muchas gracias, estoy a tu disposición si tienes alguna pregunta». Verás que, de esta manera, tendrás muchas más posibilidades de recibir tu archivo a tiempo.

El ritual del porqué

El principio de este ritual es muy sencillo: una vez al mes, cada colaborador debe hacerte una pregunta que empiece con «por qué».

Algunos ejemplos:

- ¿Por qué no aceptaste el puesto de dirección que te ofrecieron a finales de año?
- ¿Por qué no cambiamos el programa informático de relación con los clientes?
- ¿Por qué la dirección bloquea el proyecto Alpha?

Este ritual también puede realizarse colectivamente, por ejemplo, empezando la reunión de equipo con el «porqué de la semana», secuencia durante la cual una persona diferente cada vez plantea una pregunta al equipo.

Es una excelente manera de insuflar esta cultura del sentido y del «porqué».

La fábula de los monos y la escalera

Después de la fábula de los picapedreros, veamos otra que ilustra bien la importancia de cuestionar las antiguas maneras de funcionar.

Cinco monos están en una jaula. En medio de la jaula, se ha instalado una escalera, en lo alto de la cual hay unos plátanos. Cada vez que un mono sube por la escalera, los investigadores rocían con agua helada a los monos que se han quedado abajo. Después de un periodo de adaptación, cada vez que un mono intenta subir por la escalera, los otros se lo impiden a golpes. Ningún mono se atreve ahora a ir a buscar los plátanos. Después, los investigadores sustituyen a uno de los monos por uno nuevo. En cuanto intenta subir por la escalera, lo golpean también y aprende a no hacerlo. Cuando los científicos sustituyen a otro mono por uno nuevo, el anterior participa en la distribución de golpes, como hacen sus congéneres. Llega un momento en que se han sustituido todos los antiguos monos. Los investigadores constatan que se ha instaurado una cultura: ninguno de los monos se

atreve a subir por la escalera, sin siquiera saber el porqué.

Esta fábula —conviene precisar que el experimento
nunca se ha realizado— ilustra con claridad el riesgo que
representa el hecho de no cuestionar nunca una manera
de actuar. Compartir el «porqué» de cada acción permite retarse y mejorar las cosas.

La misión de la empresa, así como los otros tres «porqués», son una primera familia de herramientas para aportar
sentido, para dar una dirección a los colaboradores. La segunda herramienta indispensable para unirlos y comprometerlos es la visión.

Comparte la visión de la empresa

A menudo, los conceptos de visión y misión se confunden.
La misión, como hemos visto, es la razón de ser de la empresa. La visión, por su parte, describe el estado de la empresa
a medio/largo plazo. Debe ser precisa y ambiciosa para inspirar a tus colaboradores. Es una forma de reto para todos
juntos.

Veamos algunas preguntas que te pueden ayudar a esclarecer la visión de la empresa:

- ¿Dónde nos vemos dentro de tres años?
- ¿Cuáles son nuestras ambiciones y nuestros objetivos
  clave?

- ¿Qué lugar queremos ocupar en el mercado?
- ¿Cuáles son nuestras prioridades?

La visión debe enunciarse en una frase relativamente corta, comprensible por los colaboradores, fácil de memorizar y enfocada hacia el futuro.

No debe darse a conocer fuera de la empresa. Tiene que servir únicamente para alinear las acciones diarias alrededor de un objetivo común.

Veamos algunos ejemplos de visiones de empresas:

- Convertirse en el líder del mercado en tres años.
- Multiplicar el volumen de negocio por tres en cinco años.
- Ser rentable en tres años.
- Superar los 300.000 usuarios en cinco años.

Esta visión definida en el nivel más alto de la empresa debe compartirse con el equipo. Tienes que tomarte el tiempo, en una reunión de equipo y de forma individual, de exponerla, de hacer reaccionar a tus colaboradores, de preguntarles cómo la comprenden, lo que piensan de ella y cómo contribuye su trabajo diario a tender hacia esta visión. Debes hacer mucha pedagogía para que se convierta en una auténtica herramienta de compromiso.

La visión del equipo

Acabamos de ver la visión a nivel de la empresa. Pero, al igual que la misión, es interesante definirla a nivel de equipo. Para que esta visión sea lo más atractiva posible, te recomiendo que la definas para doce meses. En efecto, es suficiente para exponer una visión ambiciosa, pero a la vez lo suficientemente cercana para que cada uno se sienta plenamente involucrado.

Veamos unas preguntas para ayudarte a definirla:

- ¿Qué gran objetivo cuantitativo estaríamos orgullosos de alcanzar juntos?
- ¿Cuál es el objetivo más estratégico para el equipo en los próximos doce meses?
- ¿Qué espera de nosotros la dirección general en los doce meses siguientes?
- ¿Qué objetivo nos permitiría ir en el mismo sentido?

Dos rituales para involucrarse en torno a una visión sólida

Vamos a ver dos rituales originales probados y comprobados por numerosos mánagers que permiten construir juntos la visión del equipo o de la empresa con los colaboradores.

La portada

Para hacer converger las percepciones e incitar a los colaboradores a proyectarse hacia un éxito común, vamos a presentar un taller muy simple de realizar, que además tendrá la ventaja de reforzar la cohesión del equipo. Se invita a los colaboradores a proyectarse hacia el futuro. La empresa o el proyecto en el que trabajan (según el nivel en el que quieras comprometerlos) ha dado por completo en el blanco. El éxito es tal que incluso sale en la prensa. Entonces deben imaginar una portada de revista ficticia.

La reunión del sueño

Para construir juntos la visión, algunos mánagers reúnen cada año a su equipo para «la reunión del sueño». Cada uno habla por turnos, sin presiones ni límites, sobre lo que sueña para el equipo: proyectos, clientes, imagen, equipo, volumen de negocio... *The sky is the limit!* Según los mánagers, esto permite construir un equipo más cohesionado y una visión más grande.

Ahora que has compartido la misión y la visión, te queda asegurarte de su correcta aplicación operativa. Ahí es donde entran en juego los objetivos.

Pon en marcha unos objetivos inteligentes

El establecimiento de objetivos a menudo es el «caballo de batalla» de los mánagers. Los fijamos al principio del año porque hay que fijarlos, después nos olvidamos y los volvemos a sacar como una catástrofe en el momento de la entrevista anual.

Veamos un concentrado de los mejores consejos que me han dado para construir unos objetivos que tengan sentido.

- Fija unos objetivos por trimestre en lugar de una vez al año para evitar que dejen de ser válidos demasiado deprisa.
- No establezcas más de tres objetivos por colaborador para evitar tener demasiados asuntos entre manos.
- Elabora los objetivos junto con tus colaboradores. Ellos los proponen y después los ajustáis juntos.
- Habla del objetivo colectivo del equipo para dividirlo en objetivos individuales. Debe haber una conexión directa entre el rumbo fijado para el equipo y los rumbos de cada uno, para asegurarse de que todos los colaboradores van en el mismo sentido.
- Efectúa una actualización de los objetivos una vez al mes, durante la cual tu colaborador te comunica su índice de confianza para alcanzar el objetivo en curso, representado por una nota que puede ir de 1 a 10.

A la inversa, es importante que los objetivos no sigan una mecánica de recompensa y castigo, sino que sean una superherramienta que permita cohesionar a todo el mundo en la estrategia a medio y largo plazo de la empresa.

Por último, es complicado hablar de la noción de objetivo sin hablar del método SMART. Se trata de un acrónimo para comunicar a tus colaboradores, que os ayudará colectivamente a aseguraros de que los objetivos fijados son pertinentes.

Para ello, tu objetivo debe ser:

- Simple: nada enrevesado, cualquiera debe poder comprenderlo.
- Medible: por lo tanto, debe cifrarse para saber si se ha alcanzado o no.

- <u>A</u>ceptado: el mánager y el colaborador deben estar al cien por cien de acuerdo con el objetivo fijado.
- <u>R</u>ealista: debe ser alcanzable.
- <u>T</u>emporal: «Un objetivo sin fecha es un sueño», decía Walt Disney, así que es necesario un plazo concreto asociado al objetivo.

Antes de terminar esta parte sobre «cómo dar sentido», veamos dos últimos consejos dados por los dirigentes que tienen que gestionar los equipos más numerosos y para los que, por lo tanto, la noción de compartir sentido es especialmente importante.

«Expón en cascada» la información clave

Si eres el mánager de colaboradores que a su vez son mánagers, es absolutamente necesario que prestes atención a un fenómeno que a menudo se pasa por alto, la cascada, o cómo descienden las informaciones clave a todos los niveles jerárquicos.

Para favorecer al máximo la cascada de información, tienes varias opciones:

- Transmitir la información a todo el mundo en el mismo momento. De esta manera, no necesitas cascada.
- Machacar muy a menudo a tus mánagers que deben hacer descender la información, para que se convierta en un reflejo.
- «Empaquetar» las informaciones que deben descender a través de la preparación de minikits de comuni-

cación que pueden enviar en un clic por email a sus propios colaboradores. No olvides nunca que comunicar bien es repetir.

Transforma a tus colaboradores en «superclientes»

Los dirigentes de un hotel de cinco estrellas parisino lo han comprendido bien. Ofrecen una noche con acceso al spa y cena gastronómica a todos sus recién contratados. No para atraerlos, sino para que se queden.

Al facilitar el acceso a los productos o servicios de tu empresa, tus colaboradores darán muestras de una empatía mucho más importante hacia los clientes y de un sentido crítico pertinente. Además, que hablen del producto o del servicio con su cónyuge o con un amigo desarrolla sus sentimientos de orgullo y pertenencia.

El coste de estas acciones en general no es muy importante con respecto al impacto que pueden tener. Al contrario, una empresa que sea tacaña respecto a sus propios productos o servicios degradará mucho su marca de empleador. En efecto, las ventajas hacia los colaboradores son temas que se abordan más con el entorno que el salario. ¡En suma, sé ge-ne-ro-so!

Para terminar, resumiría que, con el fin de reforzar este primer pilar «DREAM», la D de dirección, debes conseguir despejar el horizonte de los miembros de tu equipo. Es decir, actuar de manera que conecten sus acciones cotidianas con el gran proyecto en el que participan. La organización de una reunión o la puesta en marcha de un nuevo *process* no deben ser acciones desprovistas de sentido, sino los eslabones de una gran cadena que sean útiles para la misión y la visión del equipo y de la empresa.

Pasemos ahora al segundo pilar «DREAM», el reconocimiento, o cómo valorizar bien a tus colaboradores.

3
Reconocimiento: cómo valorizar a los equipos

Nuestras empresas son un gran desierto de reconocimiento. Una cifra para ilustrarlo: siete asalariados de cada diez padecen una falta de reconocimiento,[17] es decir, que hay trabajo que hacer en este tema. Las numerosas conversaciones sobre el asunto me han permitido comprender cómo valorizar eficazmente a un equipo. Para ello, hay que empezar por tener en mente el conjunto de las razones por las que podemos valorizar a un colaborador. Existen cuatro grandes familias.

Las cuatro grandes familias del reconocimiento

La buena noticia es que hay muchas ocasiones de valorizar a un colaborador, que se distribuyen alrededor de cuatro grandes dimensiones.

Familia I: el reconocimiento existencial

El reconocimiento existencial es el primer nivel del reconocimiento. Es la sensación de ser reconocido por lo que soy como persona completa y no únicamente como simple colaborador que ejecuta unas tareas. Es la auténtica base del reconocimiento.

Por ejemplo, consiste, respecto a un colaborador, en:

- Darle los buenos días por la mañana o despedirse por la tarde.
- Pedirle su opinión (ejemplo: «¿Cuál te parecería el mejor día para nuestro almuerzo de equipo semanal?»).
- Interesarse por él (ejemplos: «¿Qué tal el fin de semana?» o «¿Qué haces por Navidad?»).

En medio del ajetreo cotidiano, podemos tener tendencia a olvidar que estos pequeños gestos son señales esenciales de reconocimiento.

Familia 2: el reconocimiento de competencia

Esta segunda familia consiste en valorizar una competencia, una habilidad o un talento del colaborador.

Algunos ejemplos:

- «Tienes un verdadero talento para convencer».
- «¿Qué te parecería responder en mi lugar a las preguntas de este periodista que quiere una entrevista? Tienes la experiencia necesaria para hacerlo.»

- «Felicidades por la calidad de la propuesta comercial que me acabas de enviar. Es sintética e impactante.»

Familia 3: el reconocimiento del compromiso

Después de los reconocimientos existencial y de competencia, no hay que olvidar el reconocimiento del compromiso. Consiste en resaltar la implicación de un colaborador, sea cual sea su grado de eficacia. Es decir que, aunque los resultados no sean de lo mejor, estimular a un miembro del equipo por su actitud y su compromiso es importante.

Por ejemplo:

- «¡Gracias por haberte quedado ayer para cerrar este dosier problemático!»
- «Aunque no hayamos ganado la licitación, me ha impresionado tu energía. ¡No tenemos nada que lamentar!»
- «Estuviste muy activo durante el seminario de equipo de la semana pasada, ¡te estoy muy agradecido!»

Familia 4: el reconocimiento de los resultados

Por último, la cuarta dimensión del reconocimiento consiste en valorizar a un colaborador por haber alcanzado o superado los objetivos fijados o, de manera más global, por su nivel de eficacia.

Por ejemplo:

- «¡Estoy realmente impresionado de que hayas conseguido entregar tu informe dos semanas antes de lo que habíamos planeado!»
- «Hemos decidido con la dirección darte una prima excepcional por tus excelentes resultados de este semestre.»

A través de estas cuatro familias, puedes ver que las ocasiones de valorizar a un colaborador son extremadamente numerosas. Y los mejores mánagers no se contentan con ser buenos en una o dos de estas familias. Consiguen combinarlas todas según los momentos y los colaboradores para asegurarse de no dejar a nadie de lado en el camino del reconocimiento.

Conocer las ocasiones para valorizar a los colaboradores es un buen principio. Pero, antes de lanzarse, hay que tener en mente un elemento esencial que marca la diferencia entre los mánagers que valorizan bien y los demás: la personalización en la manera de valorizar al equipo.

Personalizar las maneras de valorizar

En efecto, no todos somos sensibles al mismo tipo de reconocimiento. Tienes que ser capaz de utilizar la mejor arma con la persona adecuada en el momento adecuado.

En las próximas líneas, te propongo abandonar el universo profesional para sumergirnos en el de la pareja.

En su libro *Los cinco lenguajes del amor*,[18] Gary Chapman, consejero conyugal estadounidense, explica que cada uno tiene unas necesidades que no tienen por qué coincidir con las de su cónyuge, lo cual puede, con el tiempo, crear frustraciones e incluso tensiones en la pareja si no se presta atención a ello. Estos cinco lenguajes son: las palabras valorizadoras, los momentos de calidad, los regalos, los servicios prestados y el contacto físico.

El autor estadounidense nos explica que tenemos tendencia a utilizar el lenguaje al que somos más sensibles para expresar nuestro afecto al otro. Por ejemplo, alguien que sea muy sensible al lenguaje de los regalos tendrá tendencia, para intentar agradar a su pareja, a ofrecerle bienes materiales. Pero hay muchas posibilidades de que este no sea en absoluto su lenguaje principal, sino que, por ejemplo, la persona en cuestión sea más sensible a los momentos de calidad. Por lo tanto, en lugar de regalarle un bonito reloj, esta persona preferirá que su pareja empiece por poner su teléfono en modo avión durante sus cenas juntos. Otro ejemplo: las despedidas de soltero de los chicos o las chicas. ¿Cuántas veces los testigos organizan el fin de semana con el que habrían soñado para sí mismos sin preguntarse si les gustará realmente a los futuros esposos?

En el mundo profesional, ocurre lo mismo, cada uno de los colaboradores tiene sus propios deseos. Un error clásico del mánager consiste en proyectar sus propios gustos en sus colaboradores. En la palabra «reconocimiento», no olvides nunca que se incluye la palabra «conocimiento». Por lo tanto, para valorizarlos bien, tienes que conocerlos.

Veamos algunos ejemplos para ilustrarlo.

- Un colaborador en pleno proyecto de compra de su vivienda principal podría ser más sensible que otro a un aumento salarial para conseguir un coeficiente de endeudamiento más importante en su banco y así ganar unos preciosos metros cuadrados (reconocimiento por el dinero).

* Un colaborador que tiene que recorrer un trayecto engorroso para llegar a la oficina puede ser más sensible que otro al hecho de que le ofrezcan teletrabajar (reconocimiento por la flexibilidad de su marco de trabajo).

* Un colaborador que tenga más ganas de aprender que la media podría ser más sensible que otro al hecho de que su mánager le delegara un nuevo tema clave (reconocimiento por la responsabilización).

* Un colaborador que tenga poca confianza en sí mismo será más sensible que otro a un email de felicitación mandado por ti con copia al comité de dirección (reconocimiento por el *feedback* positivo).

Si no conoces lo suficiente los deseos de tus colaboradores, corres el riesgo de realizar una acción que a ti te parecerá muy importante, pero que tendrá poco impacto sobre su motivación.

Para evitar este paso en falso, sobre todo no te fíes de tus talentos de mentalista. En efecto, te lo decía en la primera parte de este libro, intentar adivinar lo que pasa por la cabeza de un miembro del equipo a menudo conduce a grandes torpezas. Por lo tanto, lo más eficaz es preguntarle simplemente cuáles son las mejores maneras de valorizarlo.

Lo bueno de todo esto es que hay un elemento al que TODOS somos sensibles y que es cien por cien gratuito: el *feedback* positivo. Ahora vamos a centrarnos en especial en este elemento, para que tenga el mayor impacto posible.

El espantoso síndrome de San Valentín

Evita a toda costa el síndrome de San Valentín, es decir, el cónyuge que se presenta con champán, ramo de flores y regalo el 14 de febrero cuando no hace ningún esfuerzo el resto del año. En la empresa, ocurre lo mismo: no hay nada peor que el mánager que lo hace todo al revés y que intenta, en una sola ocasión de vez en cuando, compensarlo con un superseminario de equipo al sol.

Cómo compartir *feedback* positivo

El miedo a ver a los colaboradores dormirse en los laureles y el de recibir peticiones de aumento son dos razones corrientes que frenan a los mánagers a la hora de felicitar regularmente. Al menos, cuando todo su equipo haya dimitido, su temor desaparecerá...

Los estudios lo demuestran, el *feedback* positivo hace maravillas:

- El 67 por ciento de los colaboradores cuyos mánagers se concentran en sus fortalezas se sienten completamente comprometidos con su trabajo, frente al 31 por ciento de los que tienen mánagers que se concentran en sus debilidades.[19]
- El *turnover*[20] es cerca del 15 por ciento inferior en las empresas en las que los colaboradores reciben *feedback* positivo.[21]

Un mánager recoge lo que siembra

Un mánager que valoriza también será valorizado. Un mánager que escucha será escuchado.

Un mánager que dedica tiempo a su equipo después lo ganará.

Un mánager que se interesa por su equipo será interesante para este.

Un mánager que ayuda a sus colaboradores recibirá apoyo cuando lo necesite.

Etc.

En gestión empresarial, existe una regla casi universal: se recoge lo que se siembra.

Un mánager que tiene consideración por su equipo pondrá en marcha un círculo virtuoso. Al contrario, un mánager al que no le importa se quedará aislado.

Pero, atención, las palabras solo tienen poder si se utilizan con criterio. Veamos cuatro buenos ejemplos para compartir un *feedback* positivo eficaz.

1. No mandar un *feedback* positivo «al aire», sin razón. Esto desacreditaría todo el proceso. Espera una ocasión concreta y precisa.
2. No digas solo «bravo» o «gracias». Un *feedback* no es un simple cumplido. Un auténtico *feedback* es mucho más poderoso que un cumplido, porque explica en detalle lo que has apreciado especialmente. Esto aporta mucho valor a tu colaborador y lo guia-

rá para repetir esta acción eficaz en el futuro. Por ejemplo: «¡Tu presentación de ayer fue excelente!» es un simple cumplido. «Tu presentación de ayer me pareció realmente magnífica, tienes una auténtica capacidad para contar historias que cautivan a la hora de transmitir tus mensajes clave» es un auténtico *feedback*. Observa que el valor que se aporta es cien veces más importante en un auténtico *feedback* que en un simple cumplido.

3. Según la dimensión que quieras dar al *feedback* positivo, hazlo oralmente o por escrito, cara a cara o en grupo (personas en copia por email o en reunión según el formato verbal o escrito). Procura que los *feedback* positivos no se concentren en una sola persona para evitar los eventuales celos.

4. Si quieres hacer algo particularmente especial, por qué no asociar el *feedback* positivo a un acto complementario. No se trata necesariamente de una prima, sino, por ejemplo, de invitarlo a tomar algo en una cafetería agradable de la esquina, llevarle un pastelito que le gusta mucho o pedirle que comparta sus buenas prácticas ante otros colegas; estos son excelentes signos de reconocimiento.

Algunos estudios demuestran que la relación de cinco a seis *feedback* positivos[22] por un *feedback* negativo es el ideal para optimizar el rendimiento de un colaborador. Recuerda que, gracias a que felicitas con facilidad, también podrás dar un *feedback* negativo con la misma facilidad. Y que, gracias a que lo dices cuando algo va bien, también te escucharán las veces en las que señalas que algo podría ir mejor.

El *feedback* positivo es clave, pero también hay que adquirir la costumbre de celebrar los éxitos. Esto puede tomar varias formas.

Celebrar los éxitos

Demasiado pocos equipos celebran sus éxitos colectivamente. Sin embargo, es un momento ideal para reforzar la sensación de pertenencia y destacar a ciertos colaboradores. Esperar a la firma del gran acuerdo del siglo o a la velada anual para hacerlo es un error. Veamos algunas ideas para celebrar juntos los éxitos de forma regular y con facilidad.

La campana

Los bármanes son los campeones de esta tradición. Cuando alguien deja una propina, se hace sonar la campana; esto valoriza el acto del generoso cliente, manda una imagen positiva a los demás clientes del bar y alegra a todo el equipo. En suma, todo es bueno. Entonces ¿por qué no hacer lo mismo? Busca tu propia señal, que puede ser la melodía de un fragmento que te gusta mucho, una campana, un cuerno de caza, un gong, una bocina, en suma, ¡una señal distintiva que haga resonar el éxito de tus equipos hasta el otro extremo del *open space*!

La pared de las buenas noticias

En una pared por delante de la cual pasan a menudo los colaboradores, empieza por pegar una sonrisa gigante. En cuanto llegue una buena noticia (el nacimiento del hijo de un colega, la firma de un contrato, un bonito artículo en la prensa...), los colaboradores pueden escribirlo en un Post-it y pegarlo sobre la sonrisa. Con el tiempo, la pared se transformará en una constelación de buenas noticias que permitirán pegarse un chute de éxitos solo con pasar por delante.

El cuarto de hora del orgullo

Durante las reuniones de equipos, puedes ritualizar la comunicación de éxitos y orgullos. Algunas empresas dedican un cuarto de hora al orgullo, durante el cual celebran los éxitos y agasajan a los equipos que los han obtenido.

Los tres kifs

En su libro *3 kifs par jour*,[23] Florence Servan-Schreiber nos invita a rememorar tres momentos de alegría de la jornada para gozar de una vida más plena a través del desarrollo de una psicología positiva. Algunos equipos utilizan este ritual desde un punto de vista profesional para que, cada mes, cada uno hable de lo que realmente le ha gustado en su trabajo de las últimas semanas.

El trofeo del éxito

Para celebrar un éxito, no hay nada mejor que materializarlo. Para ello, algunas empresas han decidido utilizar un trofeo del éxito. Concretamente, es un objeto único o una mascota que simboliza el éxito y que se entrega a un equipo cuando ha obtenido un triunfo. El trofeo se pasea de un equipo a otro según los éxitos.

El ritual del *feedback* secreto

Según la experiencia de los que lo han puesto en práctica, este es un ritual muy potente para que cada uno se sienta valorizado.

El mánager invita a cada colaborador a escribir de manera anónima una serie de cumplidos sobre cosas que aprecia de sus colegas. Solo debe escribir uno por Post-it: en una cara el cumplido y en la otra el nombre del colega en cuestión.

Después, el mánager recibe los Post-it y entrega a cada colaborador su montón de cumplidos anónimos. ¡Efecto de reconocimiento (e incluso emoción) garantizado!

Es una excelente herramienta que puede utilizarse en periodos cargados o de estrés intenso.

Destaca a tus colaboradores

*Menciona los nombres de tus colaboradores
en público*

Tanto si se trata del marco de una reunión en *petit comité* como de una toma de palabra con una audiencia más importante, aprovecha cada ocasión para citar los nombres de tus colaboradores, lo cual tendrá un efecto extremadamente valorizador para ellos. Cuando hables de un proyecto en el que trabaja un colaborador, aprovecha para mencionarlo. «El superproyecto sobre la satisfacción del cliente en el que trabaja Élise nos permitirá...», «Los equipos, y especialmente Sébastien y Grégory, están totalmente implicados en la reducción de nuestros residuos». El *boost* de reconocimiento es muy fuerte. No te olvides tampoco de mencionar a los colaboradores participantes cuando hagas *posts* en LinkedIn o en tu red social interna.

*Visibilízalos ante las altas esferas
de la empresa*

Hacer intervenir a un colaborador ante el comité de dirección o en una reunión en la que esté presente el *top management* es una excelente manera de valorizar su trabajo. Esto potenciará su «imagen de marca» en la empresa y maximizará su compromiso.

El equipo del mes

Todo el mundo tiene en mente las fotos del empleado del mes colgadas con orgullo en la pared de una empresa estadounidense. ¿Por qué no retomar la misma idea, pero haciéndola más colectiva? Resaltar a través de los canales digitales (*newsletter*, red social interna...) o de manera física a un equipo especialmente eficaz es una maravillosa arma de reconocimiento y, además, desarrolla el espíritu de grupo. Cada mes, los equipos darán lo mejor de sí mismos para obtener esta distinción.

Después de la dirección y el reconocimiento, pasemos al tercer pilar «DREAM»: el entorno social.

4

Entorno social: cómo crear vínculos de confianza

Lo que nos impulsa a levantarnos por la mañana no es solamente el dinero que se nos entregará a final de mes, también son las bromas de Jessica en la reunión de equipo o las sonrisas de Pierre en la recepción. Para la generación de dieciocho a veintidós años, el ambiente entre colegas incluso es más importante que el salario a la hora de entrar en una empresa.[24] Esto indica la importancia de este criterio.

El conjunto de experiencias sobre el tema me ha permitido conceptualizar lo que he llamado «la ecuación del buen ambiente».

La ecuación del buen ambiente

Buen ambiente = (Dar chispa a la vida de oficina + Hacer caer las máscaras + Organizar salidas juntos) x Cultura de empresa.

Por lo tanto, son indispensables cuatro elementos para generar un superambiente.

- Dar chispa a la vida de oficina: cómo, con pequeñas ideas creativas, puedes conseguir alegrar la vida cotidiana de los colaboradores.
- Hacer caer las máscaras: cómo puedes crear un clima propicio para que los colaboradores se abran.
- Organizar salidas juntos: cómo puedes generar ocasiones para pasar tiempo juntos fuera de las paredes de la empresa.
- Por último, la suma de estos tres componentes de la ecuación del buen ambiente se multiplica por la cultura de empresa que se pondrá en marcha globalmente. Cuanto más fuerte sea la cultura, más importante será el efecto multiplicador y, por lo tanto, más bueno será el ambiente general entre los colaboradores.

Voy a volver a cada una de estas nociones con ideas concretas que puedes poner en práctica para aplicar la ecuación del buen ambiente.

Da chispa a la vida de oficina

Dar chispa a la vida de oficina es pensar en pequeñas acciones que cambien la vida cotidiana y la hagan especial. No hace falta que sea algo complicado, tiene que ser algo que guste. Veamos algunos ejemplos de acciones comunicadas por los mánagers que han contribuido a este libro sobre el tema, ¡pueden inspirarte!

El equipo de la «sorpresa»

Todos tenemos en mente la emoción que proporciona un cumpleaños sorpresa que tus amigos o tu pareja han organizado para ti. ¿Por qué no crear esta emoción en el seno de la empresa?

Para conseguir hacerlo, crea un equipo de la «sorpresa», un grupo de voluntarios cuya misión sea crear sorpresas impactantes para los colaboradores. Una fanfarria que se presenta en medio del *open space* en plena tarde, una sala de reuniones transformada en terreno de petanca, unas palabras amables pegadas en las pantallas de los ordenadores..., su creatividad no tendrá límites para sorprender y agradar. Algunos mánagers incluso les asignan un presupuesto, que pueden gastar con total autonomía.

Hacer venir a un violinista para un concierto improvisado con motivo del cumpleaños de un aficionado a la música clásica tendrá un impacto mucho más fuerte que entregarle una pequeña prima. Ten la seguridad de que todo el mundo hablará de ello en su entorno, lo cual potenciará tu marca de empleador.

El bote

En lugar de dar una prima a final del año, por qué no tener un bote que se incremente con el desarrollo del volumen de negocio (o cualquier otro indicador sobre el que tu equipo tenga un impacto). Esto permite dar un carácter de acontecimiento al rendimiento de la empresa y reunir a todo el mundo alrededor de un objetivo común: hacer crecer el bote al máximo. Cuando acabe el año, el bote se gastará en acciones colectivas que definiréis juntos, como, por ejemplo, un *team building* o una donación a una asociación.

Los almuerzos ruleta

En general, almorzamos casi siempre con los mismos colegas. Sin embargo, son momentos perfectos para conocer a otras personas procedentes de otros equipos. Para derribar las barreras, organiza una vez al mes almuerzos ruleta. Cada colaborador recibe por email el nombre de la persona elegida aleatoriamente con la que debe almorzar en los próximos días. Según la experiencia de los mánagers que lo han puesto en práctica, es un método tan simple como eficaz.

La «manduca», tu mejor aliado Dream Team

Espontáneamente, la mayoría de los mánagers que he conocido han citado la comida como un superelemento de cohesión de equipo. Todos la utilizan para acercar a la gente, pero de un montón de maneras diferentes. Veamos algunos ejemplos que me han dado.

- Cada vez que un colaborador se marcha a alguna parte de fin de semana o de vacaciones, trae una especialidad de bebida o de comida para degustar en equipo.
- Cada mes, un colaborador comparte una receta con el

resto del equipo, con sus correspondientes secretitos de chef. Después, se recopilan todas las recetas en un libro que se entrega a todos los recién llegados.

- Los conflictos se solucionan poniendo a los colaboradores alrededor de un mismo plato. Este plato siempre es el mismo y se identifica claramente como el elegido para solucionar el conflicto (pasta picante con tomate, pollo asado…, cada empresa puede tener su receta anticonflicto).
- Cada trimestre, los colaboradores se reúnen en equipo para elaborar en modo «Top Chef» un entrante, un plato y un postre.
- Cada mes, un colaborador da a conocer la dirección de un restaurante «con encanto» al resto del equipo.
- Cada semana, un colaborador se encarga de aportar el desayuno al equipo, con una sola regla: la bollería está prohibida.

Los «ponte en mi lugar»

Cada trimestre, organiza un «ponte en mi lugar», es decir, un momento en el que un colaborador pasará una jornada con un colega de otro departamento. Esto permite estrechar los lazos entre secciones, comprender mejor la vida cotidiana de los demás y tener una visión más global de los diferentes puestos de trabajo de la empresa. También da sentido y genera más solidaridad entre los colaboradores.

Haz venir a un profesional de fuera

Clases de deporte, pintura o meditación..., hacer venir cada semana a un profesor de una actividad que guste a la mayoría es una gran idea para crear vínculos.

En conclusión, para dar chispa a la vida de oficina, ¡sé creativo! Según el tamaño de tu empresa, tus locales y tus imperativos, no podrás aplicar necesariamente todos los ejemplos citados. Sin embargo, debes ser imaginativo para encontrar ideas que tengan el máximo impacto en tu propio contexto.

Después de haber visto cómo dar chispa a la vida de oficina, detengámonos en el segundo elemento de la ecuación del buen ambiente en el trabajo: hacer caer las máscaras.

Haz caer las máscaras

La paradoja de Abilene

Una tarde canicular en Texas, una joven pareja y sus padres se relajan en el porche de su casa. Hace tanto calor que nadie quiere moverse, a pesar de un aburrimiento profundo. De repente, el marido sugiere: «¿Por qué no vamos a Abilene a un buen restaurante?».

Todos se dicen interiormente que es una mala idea. Abilene está a unos cien kilómetros de allí, hace todavía más calor en aquella parte del estado y la ciudad está lejos de ser famosa por la calidad de sus restaurantes. Pero, por miedo a contrariar a los demás, nadie expresa realmente sus verdaderos pensamientos. Entre los que no responden, los que dicen «bueeeno» y los que se encogen de hombros, el grupo concluye colectivamente que es una buena idea.

Todos se suben a un viejo coche, se trasladan a Abilene bajo un calor sofocante, comen una comida mediocre y después regresan a su casa, agotados y descontentos. Al volver, las lenguas se desatan y todos se dan cuenta de que nadie quería realmente ir a Abilene.

Esta historia ficticia la utilizaba el psicólogo estadounidense Jerry B. Harvey en la década de 1970 para ilustrar el concepto que puso de manifiesto: la paradoja de Abilene. Demuestra que un grupo de personas puede tomar una decisión colectiva que va en contra de las preferencias individuales de cada miembro del grupo.

Señala la importancia de la comunicación abierta y de dejar claras las preferencias individuales para evitar tomar decisiones indeseables colectivamente.

Sin duda, ya te has sentido alguna vez obligado a decir «¡Oh, genial!» al abrir un regalo de Navidad francamente decepcionante o a decir en una reunión «¡OK, me parece bien!» ante una propuesta que consideras muy mediocre, porque tienes la sensación de que a la mayoría de las personas presentes no les parece tan mala.

La principal razón de este comportamiento es el deseo de ser bien vistos por los que nos rodean. No obstante, lo que marca la diferencia entre un equipo y una suma de individuos es la capacidad de decirse lo que realmente se piensa.

Veamos algunos reflejos que debes tener para que cada uno se atreva a expresarse.

- Lee la historia sobre la paradoja de Abilene a tu equipo para sensibilizarlo sobre este fenómeno.

- Recuerda regularmente la importancia para el colectivo de que cada uno exprese lo que tiene en la mente.
- Pide con regularidad la opinión de los miembros de tu equipo de forma individual y colectiva, en especial a los que están menos habituados a expresarse espontáneamente.
- Utiliza el método de los seis sombreros (*cf.* página 246) para los temas clave con el fin de explorar cada punto de vista.
- Da las gracias a los que expresan opiniones contrarias.

La paradoja de Abilene se inscribe en una noción clave que debe tenerse en mente cuando se forma parte de un equipo; se trata de la seguridad psicológica.

La seguridad psicológica

Quizá no lo sabes, pero Pixar, un estudio de películas de animación mundialmente conocido por títulos como *Toy Story*, fue fundado, entre otros, por Steve Jobs, exdueño de Apple. Muy pronto en la historia de la empresa, se decidió que este último no participaría en las reuniones de lluvia de ideas de los equipos. Pero ¿por qué prohibir el acceso a estas reuniones a una persona tan brillante y creativa como Steve Jobs? Simplemente porque alteraba lo que se llama la seguridad psicológica del equipo, una noción que sacó a la luz la profesora de Harvard Amy Edmondson.

La seguridad psicológica de un equipo es el hecho de que sus miembros no tengan miedo de ser mal vistos o de sufrir consecuencias negativas e incluso represalias cuando aportan una nueva idea, expresan una opinión, hacen preguntas o prueban cosas nuevas.

En el ejemplo de Pixar, Steve Jobs quizá se mostraba *a priori* demasiado cortante respecto a ciertas ideas u observaciones de los equipos de Pixar. El resultado era que nadie se atrevía a abrir la boca cuando él estaba allí y, por lo tanto, la cooperación y la creatividad morían a fuego lento en el seno de la empresa.

La noción de seguridad psicológica también se popularizó a través de un amplio estudio interno realizado por Google. En el marco de este proceso, llamado «Proyecto Aristóteles», Google se dedicó durante tres años a los factores clave de eficacia de 180 equipos.

Conclusión del estudio: cuanto más elevado sea el nivel de seguridad psicológica, más eficaz será el equipo.

Vamos a ver algunos ejemplos de comportamientos concretos que te ayudarán a evaluar el nivel psicológico de tu equipo.

- Los miembros del equipo no tienen miedo de dar a conocer sus problemas a los demás.
- Se ayudan entre ellos con facilidad.
- Se comunican regularmente nuevas ideas.
- Toman iniciativas.
- Se atreven a decir que no están de acuerdo en una reunión y esto genera un debate sereno y constructivo.

En suma, los colaboradores se atreven a ser ellos mismos, porque se sienten en confianza en el seno de un grupo que no los juzgará.

Para actuar de manera que los colaboradores se suelten, tienes que conseguir que compartan un poco de sí mismos en la esfera profesional. Veamos algunas ideas que funcionan bien.

El día de las familias

Organizar la visita de los hijos de los colaboradores al menos una vez al año es una práctica muy eficaz. Esto refuerza el sentimiento de orgullo de los padres, que muestran su lugar de trabajo a los peques. Además, permite a los colaboradores presentar a sus hijos —de los que tanto hablan— a sus colegas. Entran en su intimidad y esto estrecha los vínculos. Por otra parte, ver a los niños corretear por todas partes en la oficina creará un ambiente vivificante para todos, padres o no. Evidentemente, tienes que prever animaciones, juegos, regalos y golosinas para ese día especial.

Organizar momentos en los que los cónyuges estén invitados también es una manera genial de crear vínculo al confiar otra faceta de la vida a los demás. Otra idea: permitir a los colaboradores que traigan a sus animales de compañía funciona muy bien. Esto acerca a los colaboradores, añade algo divertido a la jornada y genera ayuda mutua. Ya lo verás, todo el mundo se peleará por pasear a Maurice, el beagle del colega.

La mascota

¿Te acuerdas del enano de jardín en la película *Amélie*? Pues bien, algunas empresas recuperan la idea con una mascota interna. Los colaboradores pueden practicar varios rituales divertidos, desde los más sencillos, como traerlo en todos los momentos importantes del equipo e inmortalizar su presencia con selfis con él, hasta rituales más exóticos. Cuando uno de ellos se marcha de vacaciones al extranjero, embarca a la mascota y le toma una foto en medio de lugares míticos (delante de las pirámides de Egipto o en el Corcovado de Río). Al volver, esto genera sistemáticamente una pequeña sesión de visionado de fotos, durante la cual el colaborador comparte su viaje con los demás.

La biblioteca compartida

El principio de la biblioteca compartida es simple: cada uno aporta tres libros que le gustan mucho y escribe su nombre en el interior, el equipo al que pertenece y, en unas líneas, por qué le ha encantado. Puedes poner estos libros accesibles para todos en una biblioteca compartida, en la que cada uno puede tomar prestado el libro que quiera. Esto permite crear vínculo con facilidad. Oirás a menudo cerca de la máquina de café: «¡Oye, me ha encantado el libro que has recomendado, gracias!».

Las pasiones y los talentos de tus colaboradores

Si cuentas con colaboradores que tienen talentos más o menos ocultos, sería una lástima no explotarlos. Compartir las pasiones siempre es una manera muy eficaz de crear vínculo. Para identificarlas, simplemente envía un cuestionario por email a tus colaboradores para preguntarles si tienen un talento oculto o una pasión y si estarían interesados en dar a conocer ese detalle a los demás. Clases de cocina, formación sobre un método que permite ser más productivo o visita guiada a un barrio, con esto se puede organizar un momento de *team building* poco costoso y a la vez valorizar a un colaborador.

Dar chispa a la vida de oficina y hacer caer las máscaras son un buen principio para crear un vínculo sólido y duradero entre tus colaboradores. Otro elemento que es importante no pasar por alto es organizar regularmente momentos relajados fuera de las paredes de la empresa.

Organiza salidas juntos

Pasar tiempo fuera juntos es pues el tercer componente de la ecuación del buen ambiente. Según la experiencia de los mánagers que he conocido, organizar una salida fuera de la empresa cada tres meses es lo mínimo para generar cohesión. Es viejo como el mundo, pero encontrarse en momentos informales, eventualmente con (un poco) de alcohol, siempre funciona bien. Bar, restaurante, velada de karaoke, busca el formato que mejor se adapte a tu cultura.

De la misma manera que con el equipo «sorpresa», delega cada salida que desees organizar a un equipo rotatorio. Esto unirá alrededor de este proyecto lúdico a unos colaboradores que no necesariamente tienen la costumbre de trabajar juntos. El presupuesto destinado los responsabilizará todavía más.

Siete, la cifra mágica

En la década de 1950, George Miller, profesor estadounidense en la Universidad de Princeton y psicólogo, publicó un estudio sobre la relación entre el tamaño de los equipos y la sensación de pertenencia. Según sus investigaciones, la satisfacción debida al hecho de pertenecer a un grupo es óptima con siete personas. Más allá, esta satisfacción decrece. Entonces, ¿siete es la cifra mágica? Resulta difícil de decir, pues lo esencial es tener un tamaño de equipo que te permita crear vínculo y tener tiempo para cada uno.

Disponer de una planificación a doce meses

Para asegurarte de generar suficientes momentos fuera con tu equipo, te animo a que estructures una planificación para un año previendo de antemano unos encuentros en cuatro tiempos: cada año, cada trimestre, cada mes y cada semana.

- Cada año: por ejemplo, un acontecimiento impactante de dos o tres días «en el campo».
- Cada trimestre: por ejemplo, una salida de una jornada.
- Cada mes: por ejemplo, una copa en el bar de la esquina.
- Cada semana: por ejemplo, un almuerzo todos juntos el martes.

Estructurar esta agenda, anticiparte y apoyarte en el equipo para la organización de cada uno de estos actos es lo que te asegurará llenar todo el año con estos momentos fuera, desde los más fáciles de montar hasta los más complejos. Durante estos encuentros, algunas actividades te permitirán crear vínculos con menos que nada. Veamos algunas ideas de actividades «rompehielos» que te ayudarán a reforzar la cohesión de tu equipo.

Siete actividades «rompehielos» para animar tú mismo

Existen miles de actividades de *ice-breaker* (o rompehielos, en español) y de *team building* que puedes dirigir tú mismo. He decidido exponer solo siete que me han recomendado especialmente en mis entrevistas. Por lo tanto, puedes utilizarlas con los ojos cerrados.

La palabra común

Dos voluntarios suben al escenario, cuentan hasta tres y después pronuncian al mismo tiempo una palabra elegida al azar. Lo vuelven a hacer buscando una palabra que caiga «a medio camino» entre las palabras anteriores. Por ejemplo, si dicen «fruta» y «mono» en la primera vuelta, hay muchas posibilidades de que los dos digan «plátano» en la segunda vuelta. ¡Tienen que repetir la partida tantas veces como sea necesario para encontrar la palabra justa! Después, puedes iniciar una nueva partida con otros dos participantes y así sucesivamente.

El juego de los nombres

No hay nada peor que empezar una reunión sin que los participantes conozcan los nombres de pila de unos y otros. Empieza por pedir que se pongan de pie y explica que vas a hacer un juego rápido que permita recordar los nombres de un máximo de participantes. Después, inicia una vuelta en la que cada uno diga su nombre y pídeles que intenten memorizar el mayor número posible.

Una vez terminada la vuelta, efectúa una segunda rotación (una sola no permite memorizar muchos nombres). A continuación, tira una pelota imaginaria a uno de los participantes y di en voz alta el nombre de esta persona de forma enérgica. La persona que la recibe la tira a su vez a otro y así sucesivamente. En dos o tres minutos, se conocerán los nombres de todos, con unas risas entremezcladas por los errores y los fallos de memoria, siempre divertidos.

Los puntos comunes

El principio es simple: pide a cada uno que se asocie con otro y hablen tres minutos para encontrar al menos un punto en común (aparte de su pertenencia a la empresa, evidentemente). Una variante puede consistir en intentar encontrar el máximo de puntos en común en un tiempo limitado.

Los dibujos a ciegas

Todos disponen de pequeñas hojas de papel y bolígrafos. Los participantes se agrupan por parejas. Cada uno tiene que dibujar a su pareja en treinta segundos con una limitación importante: no mirar ni una sola vez su hoja. Al final del tiempo destinado, descubren el resultado, a menudo muy divertido, escriben su nombre en el dibujo y se lo regalan a su pareja. Después, cambias las parejas. Pasadas tres secuencias (si el número de participantes lo permite), cada uno se encuentra con tres retratos suyos y todos hablan de la experiencia.

La primera letra del nombre

Cada participante tiene unos minutos para encontrar un adjetivo que empiece por la primera letra de su nombre (por ejemplo, «sensible» para «Sandrine»). La expone al grupo y explica por qué ha elegido este adjetivo. Este ejercicio también puede ser muy simpático con un grupo que se conoce bien, en cuyo caso no se trata de que cada uno encuentre una palabra para sí mismo, sino de que el resto del grupo la encuentre para él. Evidentemente, esto debe hacerse en un marco muy benevolente, pero permite aprender mucho sobre uno mismo a través de la manera en que los demás nos perciben.

Dos verdades, una mentira

Es un juego muy eficaz para aprender mucho sobre los colegas en poco tiempo. Cada participante escribe en un papel dos verdades sobre sí mismo y una mentira («Hablo cuatro idiomas», «He conocido a Barack Obama», «Soy alérgico al pelo de gato», en suma, anécdotas personales). Después, se mezclan los papeles. Se saca al azar un primer papel y un participante lo lee en voz alta. A continuación, cada uno tiene que adivinar de quién es el papel, cuáles son las verdades y cuál la mentira. Es un juego muy potente que permite conocerse de manera sorprendente.

La mano

En un formato por turnos, cada uno debe responder a cinco preguntas que corresponden a los cinco dedos de la mano.

* El pulgar: «¿Cuál es tu mayor orgullo desde que estás en el equipo?».
* El índice: «¿En qué dirección vas?» (Dónde se ve dentro de un año, en qué temas quiere aumentar sus competencias...).
* El corazón: «¿Qué te produce un sentimiento de cólera en tu vida profesional?».
* El anular: «¿Cuál es el compromiso que tienes contigo mismo?».
* El meñique: «¿En qué tema te parece que has mejorado más desde que estás en el equipo?».

Esta actividad es interesante porque invita a cada uno de los miembros del equipo a expresarse de manera muy personal sobre su trabajo. Permite darse cuenta de la realidad de cada uno y generar unos buenos momentos de emoción.

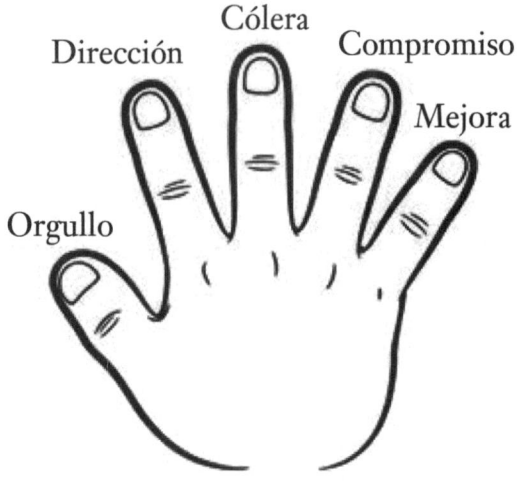

Dar chispa a la vida de oficina, hacer caer las máscaras y organizar salidas juntos: ahora tienes todas las cartas en la mano para dominar la ecuación del buen ambiente.

5

Cómo generar confianza

Todo lo que comentamos en esta parte de la «E» de entorno social afecta a una noción clave: la confianza. Sin ella, todo se ralentiza. Aunque cueste mucho tiempo conseguirla, puede volar en pedazos en una fracción de segundo. Jean-Paul Sartre escribía que «la confianza se gana por gotas y se pierde por litros». Es un tema de la vida cotidiana que debe guiar cada una de tus acciones.

La confianza en tu equipo

Conversando con estos cientos de mánagers, un mantra aparecía a menudo en las discusiones sobre el tema de la confianza. Para que lo tengas siempre presente, he decidido resaltarlo:

Cualquier persona es digna de confianza hasta
que se demuestre lo contrario.

En efecto, la confianza en tu equipo se da, no se gana. Si esperas a tener pruebas para conceder tu confianza a un colaborador, vas mal. Esperar estas pruebas es ser desconfiado por defecto.

Ahora bien, la desconfianza genera microgestión, que a su vez produce frustración y desencanto, como veremos en la parte «Gestionar día a día».

Hay que considerar el tema al revés, es decir, partir del principio de que un colaborador es digno de confianza hasta que se demuestre lo contrario. Según la opinión de los mánagers más experimentados, es mejor arriesgarse a cagarla el 5 por ciento de las veces que cortar las alas a tu equipo continuamente. Así que confía por defecto porque, en el 95 por ciento de los casos, tendrás motivo para hacerlo.

Después de haber visto la actitud que debes tener con respecto a tu equipo, te propongo que nos interesemos ahora por los comportamientos que tienes que privilegiar para generar a cambio una confianza en ti por parte de los colaboradores.

La confianza en ti

También en este caso, mis conversaciones preparatorias para este libro me han permitido llegar a la conclusión de que la confianza parece ser el resultado de tres actitudes que debes tener en cada instante: la transparencia, la empatía y la coherencia.

Debes ser extremadamente vigilante en las tres y en todo momento. Si pasas por alto una, su frágil equilibrio se irá al traste.

El mánager paseante

El mánager paseante es una práctica inventada en la década de 1940 por los estadounidenses William Hewlett y David Packard, fundadores de la famosa empresa de impresoras y ordenadores. Se trata del mánager que se pasea por la empresa para encontrarse con los colaboradores sin un objetivo concreto. Por lo tanto, a menudo está al lado de los equipos y con ello genera regularmente conversaciones informales que le permiten conocer los problemas a los que se enfrentan los colaboradores. De esta manera, capta numerosas señales débiles en tiempo real, muy útiles en su vida diaria de mánager.

La transparencia

A nuestro cerebro no le gustan las zonas de sombra. Las llena con suposiciones. Pero, a causa de numerosos sesgos cognitivos, estas suposiciones con frecuencia producen ansiedad.

¿Qué hace el antílope cuando se encuentra frente a unas hierbas altas que le impiden ver a lo lejos? Aunque no tenga ninguna información que le indique que existe un peligro, tendrá miedo de que le ataque un depredador.

Lo más penoso de todo esto es que, en la mayoría de los casos, tú no ocultas nada. Se trata solo de que la necesidad de información de tu colaborador no se ha satisfecho lo suficiente. La noción de transparencia siempre se percibe de forma diferente según el punto de vista del emisor y el receptor.

La mejor arma para evitar caer en esta trampa es, evidentemente, comunicarse mucho. Parte del principio de que nunca informas lo suficiente a tus colaboradores.

Veamos algunos rituales y consejos para ayudarte en esta búsqueda de transparencia, procedentes de la experiencia de decenas de mánagers.

Tres rituales para tender hacia el «tabú cero»

Crear momentos específicos que permitan a los colaboradores plantear todas las preguntas que quieran es indispensable para tender hacia una transparencia óptima. Entre todos los rituales que me han expuesto, he registrado los tres aceptados por unanimidad.

La sesión de preguntas abiertas

Una práctica interesante es crear un documento compartido anónimo que permita a los colaboradores hacer todas las preguntas que deseen. En sesiones de «preguntas abiertas», que pueden tener lugar, por ejemplo, todos los meses, los dirigentes responden a las preguntas reunidas. Si algunas son demasiado sensibles, como la compra en curso de otra sociedad, tienen que dedicar un tiempo a explicar por qué razones no pueden responder a ellas.

El «desayuno con»

Con una frecuencia regular, por ejemplo, cada mes, la dirección general puede comprometerse a desayunar con unos colaboradores elegidos aleatoriamente. Estos momentos amistosos permiten que cada uno plantee todas las preguntas que quiera, incluso las más molestas.

Las dos horas

La idea es liberar un tiempo fijo en la agenda de la dirección general. Durante este tiempo, cada uno podrá ir libremente a su encuentro para hacerle preguntas sobre organización o hablar de los temas que le preocupan. Es una manera muy buena de recuperar *feedback* y de generar una total transparencia entre el *top management* y el conjunto de los niveles jerárquicos de la empresa.

Además de estos rituales, recuerda que cada contacto individual o colectivo con tus colaboradores es una oportunidad para compartir informaciones clave y así evitar el efecto de «caja negra».

La empatía

Después de la transparencia, la empatía es la segunda actitud que hay que adoptar para generar confianza. Tu capacidad de ponerte en el lugar del colaborador será determinante para construir una relación sólida. ¿Qué siente? ¿Qué piensa? ¿Cuáles son sus temores? ¿Sus dificultades personales y profesionales? ¿Sus deseos? ¿Sus criterios de éxito? Para poder responder a estas preguntas no hay ningún secreto, hay que interesarse sinceramente por él.

Un ejemplo concreto: si un miembro de tu equipo acaba de ser padre, tu primer reflejo debe ser preguntarle si le resultaría más fácil empezar la reunión de equipo el lunes por la mañana un poco más tarde o desplazar la cita individual del martes por la tarde a otro momento de la semana. Esto parece evidente, pero muy pocos mánagers dan muestras de empatía en la vida cotidiana.

La coherencia

Junto con la transparencia y la empatía, tener una actitud coherente es el tercer elemento que genera una confianza duradera. La coherencia es simplemente evitar cambiar de opinión tres veces al día y de humor cada cuarto de hora.

Por supuesto que tienes derecho a cambiar de opinión, pero, en este caso, tómate el tiempo de explicar qué hechos razonables te han llevado a pasar de la opinión A a la opinión B.

Además, evita los cambios de humor. No hay nada peor para un colaborador que tener un mánager capaz de gritarle por la mañana y darle golpecitos en el hombro por la tarde.

La coherencia es también dar ejemplo haciendo coincidir las palabras y los actos. Imponte siempre a ti mismo lo que esperas de tu equipo. Actuar de manera irracional (o dar esta impresión porque te comunicas mal) enviará a tus colaboradores la imagen de un mánager incompetente y con el que no pueden contar. Debes tomar cada una de tus decisiones basándote en informaciones racionales, que comunicas al resto del equipo. Todos tienen que conocer las razones por las que las tomas. Quizá tienes una forma de funcionar muy intuitiva y las líneas anteriores no se adaptan mucho a ti. Si este es el caso, ten en mente la importancia de racionalizar con tus colaboradores las decisiones que tomas por instinto.

La comunicación positiva

Para generar confianza, cuida tus palabras. Si utilizas un vocabulario que genera ansiedad, producirás inconscientemente inquietud. Muchas expresiones de la lengua se basan en un campo semántico negativo para expresar algo positivo. Déjalas para otros. Utiliza un vocabulario que insista en las posibilidades y las consecuencias positivas. Por ejemplo, sustituye:

- «Ánimo» por «Pásalo bien».
- «¿Te molesto?» por «¿Puedes concederme unos minutos?».
- «No hay problema, yo me ocupo» por «Lo haré con mucho gusto».
- «No vas desencaminado» por «Estoy de acuerdo contigo».
- «¿No necesitas nada?» por «¿Cómo puedo ayudarte?».

Los indicadores de la confianza

Planteando la siguiente pregunta a algunos mánagers experimentados: «¿Cuáles son para usted los signos que demuestran un elevado grado de confianza entre los colaboradores y su mánager?», pude determinar los cinco signos que indican que la confianza está presente.

- Tus colaboradores son empáticos y te preguntan sinceramente de vez en cuando cómo estás.
- Te dan las gracias.
- Se confían a ti sobre temas personales.
- Acuden a pedirte consejo.
- Te dan *feedback*.

Si eres transparente, empático y coherente, te aseguras de construir esta confianza sólida y duradera con tus colaboradores.

Después de la dirección, el reconocimiento y el entorno social, ha llegado el momento de abordar el tema del cuarto pilar «DREAM» del templo del compromiso: la autonomía.

6

Autonomía: cómo responsabilizar bien

Si pones barreras alrededor de la gente, obtienes ovejas.

WILLIAM MCKNIGHT,
fundador de la sociedad 3M

En todas las experiencias recogidas para elaborar este libro, la constatación es unánime: cuanto más se responsabiliza a los colaboradores, más objetivos ambiciosos se marcan. Pero conseguir que los equipos sean autónomos es un arte sutil, que requiere maestría. Empecemos por ocuparnos de las dos nociones clave de este tema: la responsabilización y la delegación.

¿Cómo responsabilizar bien?

Viva la postura baja

La escuela de Palo Alto, corriente de pensamiento iniciada por unos investigadores en la década de 1950 en California, teorizó sobre las nociones de postura baja y alta.

Simplificando (mucho) estos conceptos:

* La postura alta, la más clásica en los mánagers, consiste en posicionarse como un experto con respecto al interlocutor y decirle de forma precisa lo que tiene que hacer y cómo hacerlo.
* A la inversa, la postura baja consiste en partir del principio de que no se sabe más que el otro e invitarlo a reflexionar por sí mismo sobre las potenciales soluciones de su problema.

Veamos las principales diferencias entre las dos posturas:

La postura alta	La postura baja
Soy autoritario y estoy seguro de mí mismo	Soy abierto y estoy dispuesto a aprender
Hablo	Escucho
Digo lo que hay que hacer	Cuestiono
Doy la solución	Hago surgir la respuesta

Y veamos de forma concreta la diferencia según la postura alta o baja que adopta un mánager:

La postura alta	La postura baja
¡Hazlo así!	¿Cómo lo harías tú?
Pienso esto o aquello	¿Qué piensas tú?
Esto es lo que voy a hacer	¿Cómo te puedo ayudar?
Esto es lo que deberías hacer	¿Qué es lo que necesitas?

Los mejores mánagers que he conocido utilizan la mayoría de las veces la postura baja con sus colaboradores.

Hay que decir que esta postura favorece el progreso de los colaboradores, que reflexionan más por sí mismos y a los que se atribuyen cada vez más responsabilidades.

El pescado y la caña de pescar

«Dale a alguien un pescado y lo alimentarás una vez. Enséñale a pescar y lo alimentarás para siempre.» Este proverbio chino ilustra perfectamente estas nociones de postura alta y postura baja. Como mánager frente a un colaborador que te comunica una dificultad o un problema, tienes dos opciones: darle tu pescado inmediatamente y así desbloquearlo enseguida o darle una caña de pescar y enseñarle a utilizarla para que, la próxima vez, sepa arreglárselas solo. La postura baja es más exigente, porque requiere más paciencia y acompañamiento del colaborador, pero favorece el progreso de la persona y permite hacerla cada vez menos dependiente del mánager.

La mejor herramienta para poner en práctica la postura baja es hacer preguntas. Pero también hay que saber hacer las preguntas adecuadas.

El arte de hacer preguntas

Una buena pregunta es una pregunta corta.
Veamos unos ejemplos:

- «¿Qué es lo que necesitas?»
- «¿Cómo te puedo ayudar?»
- «¿Cómo lo vas a enfocar?»

Por desgracia, la mayoría de los mánagers hacen preguntas que pierden interés, porque añaden alrededor de las preguntas suposiciones o informaciones que orientan a sus colaboradores.

Un ejemplo de mánager que comete errores garrafales: «¿Qué es lo que más te gusta de tu trabajo? ¿El contacto con el cliente? Lo digo porque, con tu lado supersociable, imagino que es importante para ti».

La pregunta que sugiere es LA trampa del arte de hacer preguntas. Para evitar caer en ella, te invito a recordar lo que llamo «la regla de los tres segundos»: si haces una pregunta cuyo enunciado requiere más de tres segundos, es que has caído en esta trampa. Si respetas esta regla, te aseguras de ir a buscar el fondo del pensamiento de tu interlocutor y evitar orientarlo.

Para ir un poco más lejos en el dominio de la postura baja y como complemento a las preguntas, debes dominar el arte de dejar que surjan silencios.

El arte del silencio

En el inconsciente colectivo, el silencio se asocia a un momento molesto. En realidad, tienes que verlo como un gran aliado en tu vida cotidiana de mánager. Cuando un miembro de tu equipo te comunica un pensamiento o un sentimiento, en general es algo relativamente reflexionado y estructurado. Ahora bien, si evitas reaccionar inmediatamente a lo que te acaba de decir, verás que, cuatro veces de cada cinco, profundizará por sí mismo y te comunicará aspectos menos preparados y todavía más auténticos. Por lo tanto, es ideal para comprender mejor el fondo de su pensamiento. El silencio a veces puede ser más poderoso que una buena pregunta para comprender lo que pasa por la mente y el corazón de un colaborador.

En cambio, veamos los comportamientos que debes evitar:

- interrumpirlo;
- interpretar con demasiada rapidez e imponer tus propias conclusiones;
- formular órdenes, consejos o juicios;
- intentar responder tú mismo a las preguntas planteadas;
- pretender llenar el silencio.

¡Cuidado con los HIPPOS!

Nada que ver con la sabana, aquí hablamos de los *highest paid person's opinion,* o la opinión de la persona mejor pagada. El *HIPPO* puede causar estragos. Seguro que ya has vivido una situación en la que, en una reunión, se debaten dos opciones: la A y la B. Sabes que la mayoría de las personas piensan A y que todos los datos racionales se inclinan también claramente por la opción A. Pero, si la persona de mayor rango expresa su preferencia por la opción B, extrañamente, cierto número de participantes cambiarán de camisa. La cultura del *reverse feedback* y la responsabilización permiten eliminar el efecto *HIPPO*.

El comandante el último

En Air France, para conseguir que el piloto menos experimentado se exprese libremente, un procedimiento prevé que el copiloto formule primero su punto de vista ante una decisión que debe tomarse. Después, el comandante emite el suyo, retomando, si lo desea, el de su colaborador u otro si le parece mejor. Al hacer esto, el copiloto no puede encontrarse en una posición de oposición frontal frente a su mánager, puesto que se expresa sin conocer su opinión. De esta manera, el comandante dispone de su propio juicio y del del otro piloto para tomar la mejor decisión posible para todos.

Para concluir esta parte sobre la responsabilización, me gustaría sugerirte una lista de diez preguntas clave que puedes plantear al colaborador para hacerlo avanzar en sus reflexiones.

- «¿Cuál es el problema?»
- «¿De qué opciones dispones?»
- «¿Cuáles son los pros y los contras de esta opción?»
- «¿Qué decisiones tomarías si tuvieras que decidir tú solo?»
- «¿Qué ocurriría si no se hiciera nada sobre este tema?»
- «Si hubiera una sola cosa en la que concentrarse, ¿cuál sería?»
- «Si tuvieras una varita mágica para cambiar una cosa en la situación actual, ¿qué transformarías?»
- «Si te enfrentaras de nuevo a esta situación en el futuro, ¿qué harías diferente?»
- «¿Qué es lo que más miedo te da sobre este tema?»
- «¿Qué has aprendido sobre este tema?»

Responsabilizar a un colaborador a través de la postura baja es un excelente primer paso hacia su autonomía. Y, para pasar al nivel superior, te propongo abordar ahora la noción de delegación.

¿Cómo delegar bien?

La delegación es un elemento imprescindible del mánager. Ganar tiempo, valorizar a un miembro del equipo, hacerlo progresar..., sus ventajas son numerosas. Pero se trata de un ejercicio peligroso que merece que le dediquemos un tiempo en las próximas líneas. Te propongo hablar primero sobre los principales errores de los mánagers que intentan delegar y después te presentaré un método para maximizar las posibilidades de éxito.

El top 3 de los errores más frecuentes

Confundir «mandar hacer» y «delegar»

Demasiados mánagers piensan que la delegación consiste en repartir las tareas que hay que realizar. La delegación es mucho más poderosa que esto. Consiste en transmitir un poder y la responsabilidad que lo acompaña. Es permitir que un colaborador se salga durante un tiempo determinado de su ficha de puesto para progresar aprendiendo a hacer algo nuevo.

Un ejemplo: el equipo encargado recibe un nuevo dosier de financiamiento. Como mánager, decides asignárselo a Jeanne en lugar de a Amir. Estás en el «mandar hacer».

Otro ejemplo: tienes la costumbre de enviar cada mes un informe a la directora general sobre la actividad de tu equipo. Le propones a uno de tus colaboradores que redacte y mande este informe a la DG. Estás en el «delegar».

En suma, delegar es un acto de gestión con mucha más fuerza y compromiso que el simple «mandar hacer».

Querer ganar tiempo enseguida

Delegar siempre requiere más energía y tiempo de lo previsto. Así que, para evitar frustraciones, acéptalo y sé paciente. El reto es conseguir ponerse en la piel de un principiante en el tema. En efecto, cuando delegas algo, en general se trata de una tarea que dominas perfectamente. Y todos tenemos una tendencia que consiste en subestimar la dificultad de una tarea cuando la dominamos. Si aplicas con demasiada rapidez el mismo grado de exigencia a un colaborador que a ti mismo, es muy posible que te sientas decepcionado. Así que baja siempre las expectativas unos puntos suplementarios. De lo contrario, te arriesgas a acabar irritado y a ocuparte de nuevo del tema, lo cual sería destructivo para el colaborador en el que has confiado al principio. El resultado de la inversión en una delegación se hace esperar, pero, cuando llega, ¡es mágico!

Forzar la situación

Cuando se tienen muchas ganas de delegar un asunto a un colaborador, un error clásico consiste en hacer como el avestruz, es decir, no escuchar lo suficiente los obstáculos del miembro del equipo. Si no está plenamente convencido, tienes que tomarte el tiempo de resolver sus dudas. Si no lo consigues, no vayas más lejos. No tienes ninguna posibilidad de éxito en tu delegación si intentas forzar las cosas.

El método correcto de delegar

Delegar bien es, ante todo, una cuestión de método. Lanzarse en modo *freestyle* nunca es una buena idea.

Debes hacerlo en tres etapas: definir el qué, el quién y el cómo.

Definir el «qué»

Debes empezar por encontrar la tarea adecuada que quieres delegar.

Veamos algunos criterios que te ayudarán a priorizar.

- Una tarea recurrente: cuanto más frecuente sea, mayor será el beneficio de la inversión del tiempo dedicado en aumentar la fuerza del colaborador.
- Una tarea en la que no eres el mejor: apóyate en los talentos de tus colaboradores.
- Una tarea que no te gusta hacer: no porque la tarea en cuestión no te guste no le va a gustar a otra persona. Por ejemplo, algunos detestan Excel, en cambio otros pueden utilizarlo con gusto varias horas al día.
- Una tarea que te «desconcentra»: me refiero a las tareas que no ocupan el centro de tu misión y tienen un impacto bajo sobre el equipo.

Te animo a abrir tu agenda y tus *to do lists* para identificar las tareas que más se acercan a estos diferentes criterios.

Definir el «quién»

Después de definir el «qué», concéntrate en la persona que podría ocuparse de esta tarea que quieres delegar. Veamos una vez más algunos criterios que te ayudarán a encontrar a la persona adecuada.

- El zapeador: el que se aburre deprisa y necesita regularmente algo nuevo.
- El eterno aprendiz: el que más necesidad tiene de aprender cosas nuevas.
- El talentoso: el que es el mejor, en tu opinión, para efectuar la tarea en cuestión.
- El valioso: al que quieres valorizar al delegarle este asunto.

Definir el «cómo»

Una vez que tienes en mente la tarea que quieres delegar y a quién quieres confiársela, quítate de la cabeza que lo vas a solucionar con una conversación ante la máquina de café con la persona en cuestión. Una buena delegación es una delegación reflexionada y estructurada. Por eso, tienes que escribir en detalle el «cómo».

Debes definir...

- El propósito: ¿cuál es el objetivo concreto que tiene que alcanzar el colaborador? (Ejemplo: que mi colaborador me represente en la reunión comercial mensual para exponer en mi lugar nuestros proyectos en curso.)

- El plazo: ¿en qué fecha me gustaría que el colaborador fuera cien por cien autónomo en el asunto? (Ejemplo: en la reunión comercial del mes de junio próximo.)
- Las etapas intermedias: ¿qué objetivos intermedios hay que fijarse para que el colaborador aumente su fortaleza de manera controlada? (Ejemplo: etapa 1, asiste como oyente libre a la próxima reunión comercial; etapa 2, prepara la siguiente conmigo y presentamos juntos los temas del equipo; etapa 3, dirige la siguiente reunión sin mí, pero estoy en la sala para ser capaz de darle *feedback*; etapa 4, presenta la secuencia en la reunión siguiente sin mí.)
- Los aliados: ¿hay personas a las que informar o pedir ayuda para facilitar la delegación? (En nuestro ejemplo: el conjunto de los participantes en la reunión comercial.)

Después de haber definido el triplete «qué/quién/cómo», debes presentárselo al colaborador elegido de manera individual, empezando por el «porqué», es decir, las razones por las que quieres delegar en él la tarea. Después, detállale el propósito, el plazo y las etapas intermedias. Debes explicarle que solo se trata de una propuesta y que puedes ajustar perfectamente algunos elementos. Una vez más, es importante que no intentes forzar las cosas. El colaborador debe sentirse cómodo al cien por cien con el conjunto del dispositivo. Por último, ponte de acuerdo con él sobre el seguimiento, otro elemento clave de una delegación con éxito. Lo ideal es incluir el conjunto de los puntos de seguimiento en la agenda para concretarlos de antemano, aunque haya que añadir o quitar después alguno si es necesario.

En conclusión, recuerda que los mánagers que más éxito tienen en sus delegaciones son los que han comprendido que delegar es un proceso. También han captado que ese proceso lleva tiempo, porque debe estructurarse en etapas con el fin de tranquilizar al colaborador y acompañarlo serenamente cuando se ocupe de lleno de este tema nuevo para él.

El método A-B-Z

Este es un método que se puede explicar a un colaborador que no sepa cómo afrontar un asunto complejo. Consiste en dejar de acometer un proyecto complicado en su globalidad y tener claras tres etapas simples, su A-B-Z:

- A = En qué punto estoy actualmente
- B = Mi próxima etapa inmediata
- Z = Mi visión final

Cuando nos lanzamos a un proyecto, no necesitamos conocer todas las etapas intermedias C, D, E...

Por lo tanto, para avanzar de manera eficaz, debes invitarlo a definir en qué punto se encuentra (A), definir su objetivo final (Z) y decidir su próxima etapa inmediata (B).

De esta manera, lo ayudarás a desbloquearse y pasar a la acción.

Un ejemplo:

A = Quiero crear una *newsletter* sobre gestión empresarial.

B = Encuentro un primer tema.

Z = Mi *newsletter* es la más importante del país.

Más allá de la delegación, asociar a tus colaboradores a las reflexiones y las decisiones es una palanca fabulosa de adhesión y, por lo tanto, de compromiso. La expresión «construir juntos» debe formar parte de tu vocabulario habitual de mánager. Y, para colocarla en el centro de tu forma de trabajar, tu mejor aliado será «la postura baja».

Muchos mánagers que he conocido han señalado la correlación directa que existe entre la sensación de impacto que podía tener un colaborador sobre el equipo y su grado de compromiso. Dale las claves para que tenga impacto y su compromiso se verá reforzado. Verás que se pondrá en marcha un formidable círculo virtuoso.

Descubramos ahora las claves del quinto y último pilar «DREAM» del templo del compromiso: el aumento de competencias de los colaboradores.

7

Más competencias: cómo hacer progresar a los colaboradores

> Si consideras a un individuo tal como es, seguirá siendo
> lo que es. Considéralo como lo que puede llegar a ser y
> se convertirá en lo que puede ser.
>
> GOETHE

El quinto pilar del compromiso de los colaboradores es el aumento de sus competencias. Puede adquirir numerosas formas, pero recuerda que un colaborador que ya no aprende es un colaborador que ya tiene un pie fuera. En efecto, todos necesitamos tener la sensación de progresar. Por desgracia, su necesidad de evolución a menudo se considera de forma equivocada. El aumento de salario, la promoción y la formación son las tres armas que se utilizan clásicamente.

Pero el aumento salarial no compensará el aburrimiento, la promoción puede hacer caer en la incompetencia (*cf.* «Por qué existen tantos malos mánagers», p. 32) y muchas formaciones efectuadas en la empresa dan palos de ciego.

Veamos unas técnicas que permiten responder a las tres necesidades siguientes:

- ¿Cómo contrarrestar el principio de Peter y, por lo tanto, hacer evolucionar a los buenos colaboradores hacia puestos de mánager?
- ¿Cómo hacer evolucionar a pesar de todo a los que no están hechos para ser mánager?
- ¿Cómo mantener la llama en aquellos a los que no puedes hacer evolucionar?

Cómo hacer evolucionar a un colaborador hacia un puesto de mánager

Como hemos visto antes, el principio de Peter explica bien las catástrofes a las que puede conducir el sistema clásico de evolución de la posición de colaborador a la de mánager.

Una vez más, no todo el mundo está hecho para ser mánager, así que veamos los métodos utilizados por las empresas que han decidido contrarrestar el principio de Peter.

Haz pasar al colaborador por un recorrido de validación

Esta evolución hacia la gestión empresarial es tan parecida a un grial profesional que muchos colaboradores no se hacen las preguntas clave:

- «¿Qué implica realmente ser mánager?»
- «¿Qué competencias se necesitan?»
- «¿De verdad estoy hecho para esto?»
- «¿En serio me apetece?»

Para responder a estas preguntas, un medio eficaz es crear un recorrido de validación que implique citas cara a cara con otros mánagers emblemáticos de la empresa.

En una hora de conversación, los mánagers experimentados escuchan las motivaciones del colaborador, comparten sus experiencias y evalúan si el colaborador en cuestión está hecho para ser mánager. Esto permitirá también al colaborador tener más «luz» sobre la verdadera vida de un mánager. Después, consigue el *feedback* de los mánagers para que te indiquen si son favorables a la evolución de esta persona en concreto. Tú decides si quieres que estas opiniones sean puramente consultivas o tienen que desempeñar un auténtico papel de filtro.

En cualquier caso, esto permite:

- objetivar la toma de decisión de evolución hacia esta vía;
- valorizar su experiencia;
- hacer madurar al colaborador sobre su proyecto profesional.

Forma lo antes posible

Forma a los que hagas evolucionar hacia un puesto de mánager lo más pronto que puedas, para que ya estén listos cuando tomen posesión del puesto. La legitimidad de un mánager se adquiere en los primeros días, si tardas demasiado y tiene malos reflejos, estos lo perjudicarán durante largo tiempo.

Pon en marcha un acompañamiento individual con un mánager mentor

Además del apoyo asegurado por su propio superior directo, será muy beneficioso que el nuevo mánager goce de un acompañamiento por un mentor (un mánager experto con el que no tenga una relación jerárquica), que, una vez al mes, dedique un tiempo a compartir su experiencia, tranquilizarlo, retarlo y hacerle trabajar su postura.

Como complemento, hacer acompañar a estos mánagers por un profesional del *coaching* es un buen medio de disponer de mánagers eficaces con rapidez.

Pon en marcha un acompañamiento colectivo entre mánagers del mismo nivel de experiencia

Crear uno o varios grupos de mánagers del mismo nivel de madurez que se reúnan cada mes es una excelente manera de hacer intervenir la inteligencia colectiva y desarrollar el espíritu de solidaridad. En estos encuentros, cada uno puede exponer sus métodos que funcionan y expresar los problemas a los que se enfrenta para solicitar la ayuda de los demás participantes.

Crea otra vía de evolución de excelencia

Los puestos de mánagers son como los botes salvavidas del *Titanic*: no hay suficientes para todo el mundo. Y, como hemos visto, un buen técnico no necesariamente se convertirá en un buen mánager.

Para no enfrentarse más a este maldito principio de Peter, hay que empezar por exterminar un mito, el de que el valor de un puesto o de una carrera se mide por el número de personas a las que se controla. Si no controlamos a decenas de personas a los cincuenta años, no somos unos fracasados.

Para algunos perfiles, la gestión empresarial no es la puerta grande. Su potencial puede manifestarse en otra parte, sobre todo en un camino de conocimientos especializados. Para marcar esta evolución, incluso puedes crear estatus de experiencia diferentes (experto bronce, plata y oro), con objetivos claros que debe alcanzar cada uno, como formar a otros colaboradores, moderar conferencias, conseguir repercusiones mediáticas en la prensa especializada o producir contenidos.

La clave para que esto funcione es valorizar esta vía, no considerarla como la segunda división de la evolución. Hay que ensalzar a los primeros colaboradores que obtienen el estatus para convertirlos en figuras de excelencia y así estimular las ganas de otros de evolucionar por este camino.

Después de haber visto cómo contrarrestar este maldito principio de Peter, vamos a interesarnos ahora en cómo conseguir desarrollar a los colaboradores cuando no sea posible hacer que evolucionen.

Cómo mantener la llama cuando no puedes hacerlos evolucionar

Por desgracia, algunos de los buenos colaboradores que han llegado al límite de su puesto no necesariamente tienen la posibilidad de progresar de inmediato. Sin embargo, mantener comprometidos a los colaboradores a los que no puedes hacer evolucionar es esencial. Solo los mánagers con más de quince años de práctica, así como los especialistas en recursos humanos, han podido hablarme de las experiencias que permiten participar en un compromiso duradero. Las he sintetizado en un concepto: el desequilibrio dinámico.

El desequilibrio dinámico

La mejor manera consiste en generar retos continuos produciendo un desequilibrio dinámico. La idea es actuar de manera que el colaborador se sienta siempre estimulado, sacándolo justo lo necesario de su zona de confort. Sus retos deben tener el nivel adecuado de dificultad para que pueda progresar sin fracasar. Es un poco como en el tenis, el mejor entrenamiento es jugar siempre con alguien un poco mejor que uno. Nos las veremos un poco «negras», pero no lo suficiente para no divertirnos y, sobre todo, aumentaremos mecánicamente nuestra calidad de juego para intentar estar a su nivel.

Para poner en marcha este desequilibrio dinámico, los propios mánagers utilizan las nociones de *run*, es decir, actividades operativas de la vida cotidiana, y *build*, tareas menos esenciales, pero más estructuradoras para el futuro.

Hacer juegos malabares entre el run y el build

En una empresa, es esencial distinguir bien y estructurar el *run* y el *build*. Estas dos nociones proceden de las metodologías ágiles de las empresas que desarrollan soluciones tecnológicas de todo tipo.

El *run* es el núcleo del oficio, lo que hace «funcionar el negocio» hoy. El *build* son todos los proyectos transversales para hacer evolucionar la empresa, transformarla: es lo que debe hacer funcionar mejor el negocio mañana.

El *run* aporta directamente dinero día a día, el *build* es una inversión para el futuro. Además del interés empresarial y estratégico para la empresa, el *build* es un excelente medio de dar un nuevo aliento a los colaboradores haciéndolos trabajar en proyectos que los sacan de la vida cotidiana operativa.

Para que comprendas todavía mejor estas nociones, veamos un ejemplo de *run* y de *build* para un asalariado de un servicio contable:

- *run:* «introducir diariamente las facturas de los proveedores recibidas», «actualizar el informe mensual de las facturas no pagadas»... Aquí se encontrarían todas las tareas que forman parte del núcleo de su descripción del puesto;
- *build:* «analizar el sistema de tratamiento de las facturas de la filial portuguesa del grupo, que parece especialmente eficaz, con el objetivo de implementarlo en el servicio». Es una tarea que no forma parte del núcleo de su operativa diaria, pero que lo sacará de su rutina al servicio de un proyecto que podría hacer ganar tiempo al equipo más adelante.

Las empresas más experimentadas en el tema recomiendan generalmente mantenerse en una relación de 90/10

(90 por ciento del tiempo en el *run* y 10 por ciento en el *build*). Por lo tanto, el *build* es una excelente manera de sacar al colaborador de su rutina para que trabaje en temas nuevos con interlocutores nuevos.

Puedes pedir a tus colaboradores que realicen proyectos *build* entre dos. Esto permite, de paso, reforzar la cohesión del equipo.

Crear un buen equilibrio dinámico utilizando el *build* te permitirá participar en un compromiso duradero de tus colaboradores.

Se me han confiado otros consejos muy eficaces para estimular de manera más puntual a los colaboradores. No dudes en utilizar los que más se adapten a ti. Todos han sido probados y comprobados por varios mánagers experimentados, así que puedes utilizarlos con los ojos cerrados.

Los 20 por ciento de Google

En Google, el 20 por ciento del tiempo de los colaboradores se dedica a proyectos secundarios respecto a su papel. Para ser claro, estos propósitos tienen que estar relacionados de cerca o de lejos con la actividad de la empresa, pero los colaboradores los eligen libremente. Esto permite, además del hecho de atraer talentos con mayor facilidad y estimular a los colaboradores, generar innovación orgánica. Algunos proyectos al final pueden convertirse en un auténtico plan estratégico para la empresa.

Definir una hoja de ruta de aumento de las competencias

Otro medio de acrecentar la fortaleza de los colaboradores en algunos temas es escribir con cada uno de ellos una hoja de ruta de aumento de las competencias en un tema determinado.

Concretamente, empieza por ponerte de acuerdo con tu colaborador sobre un tema principal (¡uno solo!) en el que sería pertinente que aumentara sus competencias, por ejemplo, en el próximo semestre. Después, formaliza sobre este tema las acciones concretas y fáciles (leer un determinado libro, seguir una formación, conversar con un experto...) que deberá realizar en este periodo con sus retos asociados.

Una vez redactada, debéis revisar esta hoja de ruta cada mes durante las reuniones individuales para aseguraros de su seguimiento.

El método 5/0/5

Evidentemente, la formación es un excelente medio de aumentar las competencias de un colaborador. Pero demasiados mánagers envían alegremente a sus colaboradores a formaciones. Para subir el nivel de exigencia en estos momentos, tenemos el método 5/0/5.

El principio es sencillo:

• Tómate cinco minutos antes del inicio de la formación de tu colaborador para poneros de acuerdo sobre el sentido que tiene en este momento, sobre lo que hará que sea un éxito y sobre lo que esperáis respectivamente de ella.

- Deja que siga tranquilamente su formación (es el 0).
- Por último, tómate cinco minutos una vez acabada la formación para saber cómo ha ido, si se han alcanzado los objetivos, lo que pondrá en práctica...

Si muestras interés por sus formaciones, tus colaboradores comprenderán mejor su importancia, se sentirán más comprometidos con ellas y su impacto será mayor.

Integrar el aumento de las competencias a tus rituales

Para instaurar una cultura del aumento de competencias del equipo y para que tus colaboradores se impregnen de este tema a su nivel, no hay nada mejor como integrarlo a tus rituales individuales o colectivos.

Veamos dos ejemplos que han puesto en práctica varios mánagers con los que he conversado.

- Empezar cada reunión de equipo con una ronda de opiniones sobre algo aprendido por cada colaborador desde la última reunión: esto invita a cada uno a ser especialmente sensible a sus pequeños o grandes aprendizajes cotidianos (ejemplos: «He aprendido a utilizar tal funcionalidad de Excel y eso me ha cambiado la vida» o «Me he dado cuenta de hasta qué punto es necesario saber decir no a ciertas reuniones que considero inútiles»).

- Plantear el tema cada mes o cada trimestre durante las reuniones individuales: «¿Qué es lo principal que has aprendido en este periodo?».

Organiza talleres de desarrollo conjunto

Además del hecho de generar ideas innovadoras y de alimentar una reflexión, los talleres de inteligencia colectiva son medios muy eficaces de sacar a los colaboradores de su misión cotidiana.

El desarrollo conjunto es un formato especialmente eficaz.

Esta metodología fue creada en la década de 1980 por Adrien Payette y Claude Champagne, dos universitarios y consultores canadienses. Es simple y eficaz, permite esclarecer problemáticas y encontrar soluciones concretas. Este enfoque favorece la escucha, la colaboración y la inteligencia colectiva.

En concreto, un colaborador, llamado en el método el «cliente», expone una problemática con la que se ha encontrado a un grupo, llamado «los consultores», que lo ayudará a alimentar su reflexión y lo incitará a pasar a la acción. Lo ideal es crear grupos de colaboradores procedentes de equipos diferentes y que cada grupo se reúna regularmente, por ejemplo, una vez al mes. Esto permite evitar tener que romper el hielo cada vez: cuando los participantes se conocen, hablan de manera más libre, lo cual aumenta la eficacia del ejercicio. Además, «el cliente» que expone su problemática cambia de una sesión a otra, lo cual refuerza el efecto de solidaridad global del grupo.

Para el «colaborador cliente», es un momento de reconocimiento importante, en el que puede exponer a la luz del día una problemática con la que se ha encontrado, beneficiarse de una escucha poco frecuente por parte de un grupo de colegas y sacar ideas de acciones concretas para mejorar su situación. Para los participantes, permite salir de la actividad cotidiana, comprender mejor los problemas que encuentran otros equipos, reforzar los vínculos con otros miembros del grupo y desarrollar una sensación de utilidad al ayudar a su compañero.

Es un ejercicio sencillo, pero que debe seguir una metodología precisa para ser eficaz.

Organiza lluvias de ideas transversales

En el mismo sentido que el desarrollo conjunto, pero en un formato más puntual, organizar lluvias de ideas entre colaboradores de equipos diferentes tiene virtudes similares, como el desarrollo del espíritu de solidaridad, la sensación de utilidad, de reconocimiento y una mejor comprensión de los oficios de cada uno. Esto valoriza a los que están invitados y, sobre todo, permite salir de la rutina cotidiana en el marco de un taller lúdico.

Aunque no se encuentre la idea del siglo durante la sesión, no importa. Estos momentos tienen tantas virtudes que simplemente pueden ser pretextos para tener un impacto positivo en tus colaboradores.

Para convertirlas en un ritual y reforzar el sentido de pertenencia en tu equipo, no las llames lluvias de ideas. Busca un nombre coherente con tu cultura de empresa, basándote en tu jerga interna, alterando el nombre de la empresa... Búscalo, pero el nombre debe estimular la imaginación sobre la evasión y la creatividad. Ya verás como este nombrecito único hará más atractivos estos momentos para tus colaboradores.

El taller del *DAKI*

El *DAKI* es un taller que tiene como objetivo encontrar ideas para mejorar prácticas colectivas y recurrentes. Formato de la reunión de equipo, reglas de comunicación cuando se teletrabaja, forma de funcionamiento entre dos equipos... son ejemplos que se prestan bien a este formato. Una vez elegida la problemática, cada participante se toma unos minutos para reflexionar en ideas en torno a cuatro ejes, cuyas iniciales forman el acrónimo inglés *DAKI*.

- *Drop* (abandonar): todo lo que se hace respecto al tema considerado, pero que sería positivo dejar de hacer porque no funciona.
- *Add* (añadir): nuevas ideas para poner en práctica con el fin de mejorar el funcionamiento del asunto tratado.
- *Keep* (conservar): lo que funciona bien y es imperativo mantener tal como está.
- *Improve* (mejorar): prácticas existentes que deberían ajustarse para que fueran todavía más eficaces.

Se sale de este taller con un plan de acción muy concreto para mejorar el tema considerado.

El método de la lluvia de ideas Post-it

Es un gran clásico de las lluvias de ideas. Consiste en dejar unos minutos a los participantes para que anoten en un Post-it una idea que responda a una problemática determinada. Después de la presentación de las ideas de cada uno, se propone una votación para retener aquellas que deben tratarse prioritariamente.

El método de los seis sombreros

Un psicólogo maltés, Edward de Bono, desarrolló este método de lluvia de ideas en la década de 1980. Partió de una constatación simple: pensar solo en una cosa a la vez permite reflexionar mejor.

El método invita a secuenciar el pensamiento sobre un tema para evitar que se contamine con ideas parásitas con tendencia a censurarnos. Tiene por objeto generar ideas originales que obliguen a los participantes a dirigir por turnos miradas diferentes sobre un mismo problema planteado.

El taller se desarrolla en seis grandes fases, correspondientes a un color de sombrero. Cada color simboliza una manera de pensar: blanco para el neutro, verde para el creativo, amarillo para el optimista, negro para el pesimista, azul para el riguroso y rojo para el emocional. En cada fase, se invita a los participantes a llevar virtualmente el sombrero de un color y, sobre todo, a asumir la manera de pensar relacionada con este sombrero imaginario para reflexionar sobre la problemática bajo prismas sucesivos diferentes y generar así ideas muy complementarias.

El World Café

Otro método de lluvia de ideas eficaz en el World Café. Este taller es ideal para organizar una lluvia de ideas gigante, por ejemplo, en el marco de un gran seminario de equipo.

En función del tema global de tu seminario, reflexiona en tres o cuatro temas de trabajo que los participantes tratarán por turnos, repartidos en grupos pequeños. El taller se desarrolla en varias secuencias, durante las cuales los grupos se desplazan de mesa en mesa para una lluvia de ideas por cada tema. En cada vuelta, deben completar por iteración las ideas ya emitidas por los grupos que han pasado antes que ellos.

Acabamos de ver los cinco pilares «DREAM» (Dirección, Reconocimiento, Entorno social, Autonomía, Más competencias). Ahora te propongo abordar un minimanual de instrucciones del método para acompañar cada vez mejor a tus colaboradores.

8

El método DREAM en acción

Los cinco pilares que te he presentado en las páginas anteriores son las cinco necesidades fundamentales de cada uno de los miembros de tu equipo. Pero la dificultad es que no todos somos iguales respecto a estas necesidades. Para algunos, la autonomía y el reconocimiento serán las necesidades vitales, mientras que, para otros, será, por ejemplo, el entorno social o la dirección.

Con el fin de personalizar tu enfoque, tu tarea de mánager consiste en tener en mente las necesidades fundamentales de cada uno de tus colaboradores.

Así que te recomiendo que:

1) les presentes estas cinco necesidades en una entrevista personal;

2) le preguntes a cada uno cuál o cuáles son las más importantes para ellos;

3) les pidas que valoren entre cero y cien por cien si esta o estas necesidades vitales están lo suficientemente alimentadas en la actualidad (por ejemplo, si el aumento de las competencias es la necesidad fundamental de tu colaborador, cómo se alimenta esta necesidad entre el cero por cien-

to, que correspondería al hecho de que esta necesidad no se alimenta en absoluto y que no aprende nada nuevo, y el cien por cien, que correspondería al hecho de que esta necesidad está plenamente alimentada y que él aprende enormemente);

4) por último, que les preguntes lo que habría que hacer para que este porcentaje suba en los seis próximos meses.

A través de estas cuatro etapas, aprenderás mucho sobre lo que los motiva realmente y reflexionarás con cada uno sobre un plan de acción personalizado para los meses siguientes, con el fin de que cada día se sientan un poco más realizados en su trabajo.

¿Conoces a muchos mánagers que se interesen por estos temas y que intenten comprender mejor las necesidades fundamentales de sus colaboradores para ofrecerles el mejor entorno de trabajo posible? Yo no, a pesar de que es el núcleo de la misión del mánager.

RECUERDA

No voy a dejarte abandonar esta parte sin unas últimas palabras. Como síntesis general, he reunido aquí los grandes consejos que me han confiado sobre cómo comprometer y fidelizar a los colaboradores.

Para sentirse comprometido, un colaborador necesita Dirección, Reconocimiento, Entorno social, Autonomía y Más competencias (¡no lo olvides, DREAM!).

- Si alimentas regularmente la necesidad fundamental de cada uno de tus colaboradores, darán lo mejor de sí mismos.
- Aporta perspectiva a tus colaboradores. Cada acción debe sistemáticamente relacionarse con el proyecto más grande al que contribuye.
- Recuerda que vivimos en un desierto de reconocimiento. Por lo tanto, parte del principio de que no haces lo suficiente en la materia con tus colaboradores.
- Debes seguir en tiempo real el nivel de seguridad psicológica del equipo para evitar los malentendidos y hacer que la comunicación en el seno del grupo sea lo más fluida posible.
- Cada discusión con un colaborador debe servir de pretexto para convertirlo en actor de sus acciones. «¿Cómo lo harías tú?», «¿Tienes alguna solución en mente?», «¿Cómo te puedo ayudar?» deben ser frases que pronuncies varias veces a la semana.
- Un colaborador que no aprende ya tiene un pie fuera. Para mantener la llama, tienes que dar impulso a tus colaboradores.
- Confía por defecto. En el 95 por ciento de los casos, tendrás razón al hacerlo.

Ahora tienes las claves para construir en conjunto tu templo del compromiso con tus colaboradores. Además de todos los consejos compartidos sobre el método DREAM, ahora vamos a ver, en la próxima parte, cómo dirigir a tu equipo en el día a día, tanto en los periodos de tormenta como en los buenos momentos.

Quinta parte

DIRIGIR EL DREAM TEAM DÍA A DÍA

Con un jefe, se obedece. Con un mánager, se reflexiona.
Con un líder, se crece.

ANÓNIMO

Lo sabes mejor que nadie, dirigir está lejos de ser un largo río tranquilo. En esta parte, vamos a ver cómo dirigir tu equipo día a día. Establecer un marco, conducir reuniones individuales de manera eficaz, dar un *feedback* potente, manejar conversaciones difíciles o también suavizar los conflictos ya no tendrán secretos para ti.

Te propongo empezar por una herramienta que se utiliza demasiado poco: el manual de instrucciones del equipo.

1

El manual de instrucciones del equipo

Muchos mánagers con los que he hablado me han explicado los numerosos beneficios que aporta el hecho de escribir un manual de instrucciones del equipo.

Un manual de instrucciones del equipo es simplemente un documento que centraliza el marco y las reglas colectivas.

Veamos unos ejemplos —lejos de ser exhaustivos— de lo que se puede encontrar en este manual de instrucciones.

- Los comportamientos que no se desea ver en el equipo.
- Los posibles días de teletrabajo y, a la inversa, los días en los que todo el mundo tiene que estar en la oficina.
- Las reglas del juego de los rituales individuales y colectivos.
- La regla que permite decidir en caso de que demasiadas personas del equipo quieran tomarse las vacaciones al mismo tiempo.

Es importante elaborar juntos la lista y el detalle de los temas que deben figurar con el equipo. De esta manera, cada uno puede expresarse y adherirse a este marco con mayor facilidad.

Una vez definido, este marco te permitirá alentar, valorizar o reconsiderar más fácilmente según las situaciones. Incluso puedes imprimirlo y colgarlo en tus oficinas. Pero, atención, este documento te compromete a ti tanto como a tus colaboradores. Debes ser su primer garante. La ejemplaridad es la base de la legitimidad de cualquier mánager.

2

El poder mágico de los rituales

¿Recuerdas la imagen del conejo blanco de *Alicia en el país de las maravillas* del que hablaba al principio del libro? Pues bien, para mandar al conejo al país de las maravillas y recuperar el control de la agenda, no hay nada más poderoso que los rituales gerenciales. Es lo que permite asegurarse de que se dedica el suficiente tiempo de calidad al equipo y de que el aspecto operativo no ocupa demasiado lugar. Cuando se habla de rituales, hay dos que destacan: la reunión individual y la inevitable reunión de equipo. En las próximas líneas, vamos a ver cómo convertir estos momentos en escenas impactantes con tu equipo.

Reuniones individuales que marcan la diferencia

> Una hora de tu tiempo puede potenciar la eficacia de tus colaboradores durante el menos una semana.
>
> Andrew Grove,
> cofundador de Intel

Para gestionar bien día a día, hay que empezar por conocer el estado de ánimo de los colaboradores en tiempo real.

Muchos mánagers me han confirmado el cambio claro que les aportó llevar a cabo reuniones muy regulares entre ellos y sus colaboradores. Antes, pensaban que hacer una reunión individual cada mes o cada trimestre era suficiente, puesto que ya había reuniones de equipo semanales. Pero todos me confesaron que estaban equivocados.

Un mánager que organiza reuniones individuales regulares es un poco como un camarero que, durante la cena, se acerca de vez en cuando a la mesa para preguntar: «¿Va todo bien?». Al actuar de este modo, siempre se adelantará a las expectativas de sus clientes. Si tienen la menor necesidad o problema, lo detectará muy deprisa y lo solucionará de inmediato. No hay nada peor en un restaurante que pasar el tiempo intentando captar la mirada del camarero para conseguir una maldita botella de agua o para pedir un café. El cliente se marchará del restaurante con una experiencia mediocre y ni siquiera se tomará la molestia de decírselo al camarero. Lo mismo ocurre con tu colaborador. Si no te tomas el tiempo de verlo individualmente de forma muy regular, corre el riesgo de acumular cierto número de frustraciones, lo cual irá en detrimento de su moral y, por lo tanto, conducirá a un descenso del rendimiento e incluso a una dimisión. La reunión individual es la mejor arma del mánager, siempre que tenga lugar en un marco controlado. Veamos un cierto número de consejos que deben ponerse en práctica para que sean lo más eficaces posible.

¿Qué es una reunión individual?

La pregunta puede parecer tonta, pero tenemos que estar seguros de que tú y yo hablamos de lo mismo; veamos tres características de una reunión individual.

- Es recurrente: se define una frecuencia precisa (es semanal, bimensual...).
- Se anota en las agendas: es importante que no sea un momento improvisado que se utiliza para esto cuando se tiene tiempo.
- Se hace con todo el mundo: afecta al cien por cien de los colaboradores directos, no se deja fuera a nadie.

A través de mis cientos de conversaciones sobre el tema, me he dado cuenta de que el formato más practicado, con mucha diferencia, es una reunión de treinta minutos cada semana. Valora tú mismo si este formato es el más adecuado para cada uno de tus colaboradores.

Por qué es fundamental hacer esta reunión

No hacer reuniones individuales es como lanzarse en coche por un trayecto que no se conoce sin GPS ni mapa de carreteras. ¿Cómo conduces al colaborador hacia donde quieres si no sabes en qué estado de ánimo se encuentra, cuáles son sus dudas, sus dificultades, sus motivaciones, casi en tiempo real? La confianza no se gana en las reuniones generales o en la máquina de café. Se gana esencialmente en la intimidad de estos intercambios.

La técnica del refrigerador

Otra ventaja de las reuniones individuales es que, cuanto más frecuentes sean, más tiempo permiten ganar.

En efecto, en lugar de interrumpirnos en cualquier momento de la semana cuando surge una pregunta, concentramos un máximo de temas en este momento elegido que es la reunión individual.

Tanto si eres mánager como colaborador, excepto en casos de urgencia extrema, por supuesto, la idea es adquirir el reflejo de meter las preguntas en el refrigerador y sacarlas más tarde, durante estos momentos cara a cara.

Esta es una nueva regla que puedes establecer con tus colaboradores para reducir las interrupciones en el seno del equipo y que cada uno aumente su eficacia.

¿Por qué la mayoría de las reuniones individuales acaban por anularse?

Muy a menudo, los mánagers tienen buena voluntad y anotan en su agenda y en la de sus colaboradores estas reuniones individuales. Pero su anulación o su aplazamiento por desgracia es un gran clásico. Incluso con mucha frecuencia es la norma. Existen dos razones que explican el 95 por ciento de las anulaciones de estas reuniones.

Razón n.º 1: la falta de tiempo

Puedes tener tendencia a pasar estos momentos a un segundo plano con respecto a otros temas. Pero, una vez más, es un error.

Las citas preparatorias de este libro me han hecho darme cuenta de una cosa tan evidente como cierta: en realidad, tienes tiempo. No es un problema de tiempo, sino de priorización. Estas reuniones inscritas en la agenda deben ser sagradas. Si alguien te manda una invitación que se solapa con una reunión individual, debes rechazarla y proponer otro momento libre. Estas reuniones deben ser una prioridad de tu semana. Si es necesario, márcalas en rojo en tu agenda.

Razón n.º 2: la sensación de no tener nada que decir

La segunda razón de la anulación de las reuniones cara a cara es más insidiosa, es la sensación de no tener nada que decir. Después de todo, ¿por qué una reunión individual cuando nos vemos todos los días y conversamos regularmente de manera informal?

Pues bien, por una simple razón: no nos decimos lo mismo en un tiempo de calidad cara a cara que en el pasillo entre dos reuniones o en la máquina de café con los colegas dando vueltas alrededor.

La mejor manera de evitar este síndrome del «no tenemos nada nuevo que decirnos» es preparar estas reuniones. Es fácil de leer, pero parece más complicado de hacer. Para conseguirlo, solo hay una solución: dedicar un tiempo recurrente en la agenda semanal a esta preparación. Es como todo, si no está en tu agenda, no lo harás y acabarás por hacer desaparecer estas reuniones cara a cara.

Cómo preparar eficazmente estas reuniones

Tampoco en este caso hay milagros, la disciplina será de nuevo tu mejor aliada. Cada semana, pon en marcha los rituales siguientes:

- Anota a lo largo de la semana en un mismo documento todo lo que observas en el colaborador. Esto puede ir desde una discusión agitada que haya podido tener con uno de sus colegas hasta una presentación que haya hecho especialmente bien o que se haya mostrado cabizbajo una mañana al llegar a la oficina. Cada detalle cuenta. Puedes hablarle de ello en forma de preguntas o de *feedback*, según el tema.
- Reflexiona sobre una cuestión importante que quieras abordar con él para ayudarlo a progresar. Puede ser, por ejemplo, su relación con una persona clave de la empresa, su visibilidad interna o su conocimiento de un aspecto técnico relacionado con su oficio. No dudes en hacer una lista de temas que vayas a tratar a lo largo de las semanas. Lo más eficaz es tocar uno de ellos en cada reunión individual.
- Haz también una lista de los eventuales asuntos que quieras abordar a propósito de la empresa, como, por

ejemplo, un nuevo proyecto en preparación o la dimisión de un colaborador. Compartir la confidencia (¡aunque el tema no sea realmente confidencial!) permitirá reforzar su confianza en ti.

- Piensa en la actitud que debes adoptar durante esta reunión. Según el colaborador y el mensaje que quieras transmitirle, pregúntate si debes ser tranquilizador, desafiante, superficial o serio. Vuelve a pensar en ello justo antes de la reunión para meterte en este estado de ánimo y que tu comunicación no verbal lo traduzca de manera coherente.
- Retoma también tus notas de semanas anteriores para actualizar los temas ya tratados.

Elabora estas reuniones junto con el equipo

Como habrás comprendido, la realización de estas reuniones semanales está lejos de ser natural para la mayoría de los mánagers. Así que imagina el grado de motivación de un colaborador para hacerlas. Para animarlos, tómate el tiempo de elaborar con ellos el formato de estas reuniones. Duración, recurrencia, momento para hacerlas, temas que abordar... Si te pones de acuerdo en estos elementos, tendrás la certeza de que serán útiles para todos.

Si es necesario, empieza poco a poco

Si no te sientes cómodo con el ejercicio y te parece que media hora a la semana es demasiado, empieza poco a poco, por ejemplo, con una reunión cada quince días o cada tres semanas. Sea cual sea la frecuencia elegida, estas reuniones deben figurar en las agendas y nunca hay que saltárselas. Descuidar estas reuniones es descuidar a tus colaboradores al darles la imagen de que no son tu prioridad. Es el inicio de una gestión deficiente y, por lo tanto, de la falta de compromiso.

La pregunta del millón

«Si tuvieras que abandonar la empresa mañana, ¿cuál sería la razón?» Puede dar miedo hacer esta pregunta cara a cara a un colaborador, pero te permitirá conocer LA cosa a la que habrá que prestar más atención en el futuro inmediato si quieres conservarlo.

Ambiente no muy bueno en el equipo, nivel de salario no lo suficientemente elevado, sensación de dar vueltas en círculos, demasiado trabajo o, al contrario, demasiado poco…, sea cual sea la respuesta, te permitirá iniciar una discusión sincera sobre el tema que más pesa en la cabeza de tu colaborador.

Los seis «nunca» de la reunión individual

Como complemento de los consejos anteriores, veamos seis reglas para mejorar todavía más las reuniones individuales.

Regla n.º 1: no anular nunca una reunión individual. Si, por una razón excepcional, no puedes mantenerla, explica la razón a tu colaborador y pon una nueva fecha de inmediato.

Regla n.º 2: no empezar nunca con retraso. No hay nada peor para el colaborador que ver que la reunión empieza sistemáticamente con veinte minutos de retraso. Una vez más, se trata de un tema de priorización. Y, si alguna vez no puedes empezar a la hora, avisa al colaborador.

Regla n.º 3: no hacer nunca otra cosa. Durante estas reuniones, debes estar al cien por cien pendiente del momento presente. Pon el móvil en modo avión y apaga la pantalla del ordenador si es necesario, pero evita cualquier distracción que lleve a pensar a tu colaborador que otros temas pueden ser más importantes que vuestra conversación.

Regla n.º 4: no estar nunca cruzado de brazos. Toma notas, esto mostrará a tu colaborador que lo que dice es importante. Y, sobre todo, esto te permitirá seguir la evolución de los temas tratados de una reunión a otra.

Regla n.º 5: no esperar nunca que el colaborador tome la iniciativa. El guardián del templo de la reunión individual eres tú, te corresponde marcar los ritmos y anotarla en la agenda. No debes esperar de tu colaborador que sea proactivo en el tema y que acuda a ti para decirte: «Bueno, ¿cuándo nos vemos?».

Regla n.º 6: no olvidar nunca que es una reunión de doble sentido. Estos encuentros sirven tanto para transmitir grandes mensajes como para escuchar y comprender mejor a tu colaborador.

No hablar solo de los temas candentes del momento

Estas reuniones individuales deben permitirte responder a un doble objetivo:

DREAM TEAM

- Poner el día los temas operativos para ayudar a identificar los retos cotidianos en curso («¿Tienes dificultades con el dosier Alpha?», «¿Necesitas ayuda para priorizar tus temas de la semana que viene?»…).
- Elevarte por encima de lo cotidiano para comprender lo que tiene en la mente y el corazón con respecto a su trabajo («¿Cuál es tu mayor frustración desde principios de año?», «¿Te sientes suficientemente valorizado en la empresa?»…).

En la mayoría de las empresas, los temas «generales» todavía están únicamente reservados al periodo de entrevistas anuales. Pero ¿cómo se puede acompañar correctamente a alguien en el día a día si solo se habla con el corazón abierto una vez al año? Con este ritual de la reunión individual, debes conseguir desarrollar esta cultura del diálogo regular. Si es necesario, puedes realizar una reunión operativa cada semana para tratar acerca de los proyectos en curso y una reunión mensual o bimensual para intercambiar opiniones sobre los temas generales.

Los cinco «cómo» de la reunión individual

Veamos las cinco preguntas que debes plantear regularmente a tus colaboradores durante las reuniones individuales. Estas preguntas sencillas y abiertas te permitirán hacer emerger comentarios muy interesantes por su parte.

266

- «¿Cómo te sientes?»
- «¿Cómo puedo ayudarte?»
- «¿Cómo ves las cosas?»
- «¿Cómo ha pasado esto?»
- «¿Cómo lo podemos hacer mejor?»

El mejor momento para hacer estas reuniones

Las reuniones individuales también tienen por objeto transmitir un máximo de energía a tus colaboradores. Por lo tanto, tienes que estar en plena forma. Para ello, debes tener muy en cuenta tu cronobiología. En otras palabras, ¿en qué momento estás en mejores condiciones?, ¿temprano por la mañana?, ¿al final de la jornada?, ¿en otro momento? Agenda estas reuniones cuando sepas que estarás al máximo de energía.

Además, debes estar tranquilo. Por lo tanto, evita las jornadas durante las cuales sepas que vas a ir a la carrera. A menudo, el viernes es una buena opción, ya que la confidencia se ve favorecida por la cercanía del fin de semana. Dado que estas reuniones son de doble sentido, no vaciles en sondear al colaborador para acordar cuándo os conviene mejor a los dos. Él también debe estar en buenas condiciones y con la mente despejada. En todos los casos, el momento elegido debe ser el mismo cada semana, para transformarlo en un ritual ineludible de las agendas.

Si diriges a varios colaboradores, estas reuniones requieren energía y máxima atención. Por lo tanto, evita encadenarlas, porque los que pasen en segundo o tercer lugar lo notarán.

La actitud adecuada

Otro consejo para el camino: no olvides adaptarte bien a tu interlocutor utilizando una actitud personalizada. Piensa en las necesidades DREAM de las que hemos hablado anteriormente, en las conversaciones pasadas..., esto te permitirá accionar las palancas más eficaces según la situación y el mensaje que quieras mandarle.

El silencio es oro

Ya hemos abordado este tema, pero es clave. Confucio decía que, si el ser humano tiene dos orejas y una boca, es para escuchar dos veces más de lo que habla. Una vez al año no hace daño, tienes que ir más lejos que el maestro chino. En estas reuniones cara a cara, la regla que hay que aplicar en la materia es la de los 80/20: escuchar un 80 por ciento del tiempo y hablar solo el 20 por ciento del tiempo. Si te va el universo de los animales, recuerda la imagen del cocodrilo y el elefante. El cocodrilo tiene una boca grande y unas orejas muy pequeñas, mientras que el elefante tiene una boca pequeña y unas orejas muy grandes. Así que sé más elefante que cocodrilo en estos momentos.

La técnica de la última palabra

La repetición es una excelente técnica para profundizar en los propósitos de tu colaborador y evitar monopolizar la palabra.

Lo que siempre o casi siempre funciona es repetir las últimas palabras de tu interlocutor en forma interrogativa.

Por ejemplo, tu colaborador te dice: «Me gustaría contratar a un nuevo estudiante en prácticas».

Tú repites: «¿Un nuevo estudiante en prácticas?».

En el 95 por ciento de los casos, tu colaborador profundizará en lo que tiene en mente de manera auténtica, porque no lo habrás orientado, sino que solo habrás repetido su propia «línea de pensamiento».

Las diferentes etapas de la reunión individual

Veamos las diferentes etapas recomendadas de una reunión individual. No tienes que cumplirlas todas cada vez, adáptate a la situación. Durante la preparación es cuando debes definir la estructura de la cita. Como una caja de herramientas, toma lo que te parezca más pertinente.

Rompehielos

Para evitar ir directo a lo más duro, tómate un momento para hablar de un tema más ligero o más personal.

→ No dudes en hablar de ti, de un tema que te preocupa o que te alegra. El hecho de empezar a sincerarte incitará a tu colaborador a hacer lo mismo.

Clima general

No hay que olvidar nunca que el ámbito personal puede tener consecuencias sobre el profesional. Estos momentos deben permitirte estrechar los vínculos con el colaborador y reforzar el nivel de confianza. Por lo tanto, a veces es normal hablar de temas un poco más personales. Sin embargo, no hay que convertir la reunión individual en una sesión de psicología.

→ Empieza por: «¿Cómo te sientes?» o «¿Cómo te va en este momento?». El clásico «¿Cómo estás?» está demasiado asociado a la frase que se oye veinte veces al día en la oficina, cuya respuesta no parece interesar a nadie. Aquí, la clave es callarse después de la pregunta y dejar realmente un tiempo al colaborador para que se exprese.

Si es necesario, otro marco de referencia puede ser preguntarle sobre las tres dimensiones siguientes: la física (cuerpo, fatiga...), la mental (capacidad de hacer reflexiones, tener ideas nuevas...) y la emocional (humor, motivación...).

Clima en el puesto

Después, es importante, si es necesario, enfocar el debate para volver a un registro profesional. Esta etapa asociada a la anterior también debe permitirte comprender mejor las motivaciones del colaborador.

→ Pregúntale, por ejemplo: «¿Cómo te sientes en tu puesto en una puntuación de 1 a 10?». Según la respuesta, pregunta: «¿Qué es lo que te falta para llegar a 10?» o «¿Qué es lo que más te gusta de tu tarea actual?», «¿Qué es lo que menos te interesa?», «¿Qué es lo que te hace perder más tiempo?», «¿Qué es lo que no te ha gustado este último mes?»

Los temas del colaborador

Debes elaborar el orden del día de la reunión junto con él. El colaborador debe ser activo y hablar de los temas que lo preocupan. No caigas en el error clásico de abordar las cuestiones que solo te preocupan a ti.

→Pregúntale simplemente «¿De qué temas quieres que hablemos?» y déjale un poco de tiempo para reflexionar por si no había preparado bien la reunión. Si no tiene tiempo, invítalo a destinar un rato, para la semana siguiente, a pensar en uno o varios temas que quiera abordar.

Sobre los puntos que lo bloquean, pregúntale: «¿Cómo te puedo ayudar?».

Seguimiento de la reunión anterior

Esto te permite demostrar que prestas atención a los asuntos tratados por tu colaborador y validar con él que los problemas planteados en el pasado están solucionados.

→Retoma las notas de la reunión anterior.

«Hace dos semanas, me hablaste de tu dificultad para colaborar con el equipo de atención al cliente, ¿las cosas van mejor en este sentido?»

Balance de la semana anterior

Esta etapa permite hacer reaccionar al colaborador sobre la semana que acaba de transcurrir.

Pregúntale cuál es su principal logro y su principal escollo de la semana anterior:

- logro = satisfacción, éxito, sorpresa agradable
- escollo = dificultad, frustración, decepción

También puedes plantearle este tipo de preguntas: «¿Qué has aprendido esta semana?», «¿Cuáles han sido tus grandes prioridades de la semana?», «¿Cuáles han sido los momentos fuertes de tu semana?», «¿Has encontrado puntos de bloqueo?», etc.

Proyección en la semana siguiente

Aquí, la idea es ayudarlo a ver las cosas más claras para los próximos días.

→ Hacer preguntas sobre su plan de acción para los días siguientes: «¿Cuáles son tus principales prioridades de la semana que viene?», «¿Necesitas ayuda para priorizar tus temas del momento?», «¿La semana que viene será un éxito para ti si...?», «¿Ves dificultades para los próximos días de las que te gustaría que habláramos?», «¿Qué tienes en mente para avanzar sobre el tema?»...

Feedback cruzados

Estos momentos son ideales para dar y recibir *feedback*.
→ Véase la siguiente parte sobre el *feedback*.

Validación

Antes de concluir, es esencial asegurarse de que todo está claro y se ha comprendido bien.
→ Haz preguntas del tipo:
«¿Tienes alguna pregunta concreta?»
«¿Algún tema que no hayamos tenido tiempo de abordar?»
«¿Todo te parece claro?»
«¿Va todo bien?»

Conclusión

Es el momento de transmitir un mensaje particular.
Durante su preparación, habrás identificado el tono general de la reunión. ¿El mensaje debe ayudar a motivar? («En cualquier caso, continúa así, ¡estoy muy impresionado por tu evolución estos últimos meses!») ¿Tranquilizar? («¡No dudes en recurrir a mí si lo necesitas, estoy aquí para ayudarte, no te preocupes, lo conseguiremos!») ¿Orientar?

(«Cuento realmente contigo para que cambies tu comporta-miento»)

Según el tema elegido, adapta tu discurso final. Será el mensaje principal que recordará tu colaborador. Cuando hayas terminado, no vaciles en volver a hablar en un tono personal: «¿Tienes planes para el fin de semana?», «¿Qué tal está tu perro?», para cerrar definitivamente el paréntesis de la reunión y evitar cualquier malestar potencial.

El síndrome de la página en blanco

Los colaboradores no preparan lo suficiente la mayoría de las reuniones cara a cara. En muchos casos, se estrujan la cabeza durante cinco minutos y se dicen: «¿Qué narices le puedo contar?». Es lo que llamo el síndrome de la página en blanco. Para evitarlo, algunos mánagers se ponen de acuerdo con su equipo sobre algunas preguntas recurrentes que deben preparar sus colaboradores para cada reunión individual.

- «¿Qué dificultades tuviste durante la semana pasada?»
- «¿Cuál ha sido el mejor momento profesional de la semana para ti?»
- «¿Cuáles son tus prioridades para la semana que viene?»
- «¿Quieres hacerme alguna pregunta?»

Con esta técnica, el colaborador tiene una trama en la que basarse. ¡Ya no tiene excusas para preparar la reunión!

Varía las opciones

Como en cualquier rutina, puede suceder que se produzca un fenómeno de aburrimiento. Para evitarlo, varía las opciones utilizando las diferentes alternativas de las que hemos hablado anteriormente. Cambia también de marco, no dudes en salir de la oficina e ir a un bar agradable o a un lugar inspirador.

Hacer una reunión individual caminando uno al lado del otro con tu colaborador (los anglosajones llaman a esto el *cowalking*) también es una práctica interesante para probar. Intenta hacerlo en un marco agradable, como un parque, a lo largo de un río o en un barrio espacioso. La dimensión informal y el hecho de no mirarse a los ojos a menudo facilita la conversación.

Un nuevo impulso

A pesar de aportar algunas variaciones de vez en cuando, puede ser eficaz revisar regularmente este formato con el equipo.

Veamos un método simple y eficaz para hacerlo.

- Etapa 1: pregunta a cada uno qué nota pondría, del 1 al 10, a este ritual individual y lo que habría que hacer para llegar a 10 (1 = nuestras reuniones individuales son totalmente ineficaces, es una pérdida de tiempo / 10 = nuestras reuniones individuales son perfectas).
- Etapa 2: pregúntales también cuáles serían los «parámetros» perfectos para ellos: duración, frecuencia, calendario, contenido, reglas del juego...

- Etapa 3: haz una síntesis general de estas valoraciones, integra las tuyas y presenta el resultado al conjunto del equipo.

Conseguir buenas reuniones individuales incluso a distancia

Evidentemente, es muy recomendable hacer estas reuniones cuando estéis físicamente juntos, tu colaborador y tú.

Sin embargo, las reuniones individuales pueden hacerse a distancia sin problemas. En este caso, los consejos dados anteriormente deben seguirse todavía más al pie de la letra. Por ejemplo, la sensación de soledad generada por una reunión individual que se anula en el último minuto se multiplicará con la distancia. Además, la preparación de estas reuniones es primordial, porque el olvido de un tema clave será más complicado de reparar que en la oficina.

En términos de formato, puedes hacerlo tanto por teléfono como por videoconferencia, para variar. El teléfono, más íntimo y relajante que la videoconferencia, a veces resulta más liberador.

Por último, si estás lejos de tu colaborador de forma permanente, debes hacer estas reuniones individuales con más frecuencia para compensar la falta de encuentros informales que tendríais a lo largo de la semana de forma presencial.

La entrevista anual ha muerto, viva la entrevista anual

En buena parte de las empresas, el periodo de entrevistas anuales de evaluación angustia a todo el mundo. Hay que decir que, la mayoría de las veces, este ritual se ve como un paso obligado para el que se llenan unas casillas de un programa de RR. HH. cuya interfaz se remonta a la época de Windows 95.

Así que, para desempolvarlo y darle un nuevo sentido, te propongo una síntesis de los mejores consejos de mánagers y directores de recursos humanos que he conocido y han sabido reinventarlo.

De entrada, todos han insistido en el auténtico reto de la entrevista anual. No se trata de un ritual para evaluar a un colaborador, sino para aportarle un máximo de valor sobre lo que es y lo que hace.

Puedes organizarla en tres secuencias:

- el año pasado para hacer el balance;
- el presente para armonizarse;
- el año que viene para proyectarse.

El año pasado

En esta secuencia, invita a tu colaborador a retroceder a los doce últimos meses.

Veamos algunas ideas de preguntas para ayudar a resumir el año:

- «Si tu año fuera una película, ¿cuál sería y por qué?» (puedes hacer una lista de diez películas, por ejemplo, *Titanic, Forrest Gump, Regreso al futuro...*).
- «Si tuvieras que resumir tu año en tres palabras, ¿cuáles serían y por qué?»
- «¿Cuáles han sido para ti los tres mejores momentos del año y por qué?»
- «¿Cuáles han sido las tres principales fuentes de satisfacción o de orgullo de este año?»
- «¿Cuáles han sido las tres principales frustraciones o dificultades de este año?»
- «¿Cuáles han sido las tres principales enseñanzas que recuerdas de este año?»

El presente

En esta segunda secuencia, lo invitas a hacer balance de su puesto actual.

Veamos también un ejemplo de preguntas para inspirarte:

- «Con respecto a tu puesto actual, ¿en qué categoría dirías que te sitúas hoy y por qué?:

  1. "No me siento bien en mi puesto."
  2. "Me siento moderadamente bien en mi puesto."
  3. "Me siento en mi lugar y mi fuerza aumenta."
  4. "Me siento realmente bien con lo que hago y me encanta."
  5. "Me aburro, siempre es lo mismo."»

- «¿Cuáles son las tres competencias clave de tu puesto?»
- «Para cada una de ellas, ¿puedes autoevaluarte de 1 a 5?»

El futuro

En esta última secuencia, lo invitas a proyectarse a los doce meses siguientes.

Veamos también un contenido concreto en el que te puedes inspirar:

- «Describe en unos puntos clave lo que hará que el año que viene sea un éxito para ti.»
- «¿Qué podrías dejar de hacer este año para ser aún mejor?»
- «A la inversa, ¿qué podrías empezar a hacer este año para ser aún mejor?»
- «¿Qué podrías hacer de la misma manera porque funciona muy bien como está?»
- «¿Tienes alguna pregunta para mí en lo referente al año próximo?» (formaciones, nuevos deseos...).
- «¿Cuáles son las tres cosas que yo debería mejorar por mi parte para ser todavía mejor mánager?»

Visión de 360°

La visión de 360° es una práctica que se inscribe plenamente en esta lógica de aportar un máximo de valor a tus colaboradores. El principio es sencillo: cada miembro de tu equipo selecciona a dos o tres personas con las que colabora, aparte de ti, para obtener *feedback* a través de estas dos preguntas:

- «¿Cuál es el principal talento en el que debería apoyarme más?»
- «Si hubiera un único tema en el que, en tu opinión, tendría que mejorar, ¿cuál sería?»

Es un ritual eficaz que enriquece mucho a los colaboradores implicados.

Después de los rituales individuales, te propongo pasar al rey de los rituales colectivos: la reunión de equipo.

Por fin una reunión de equipo impactante

La reunión de equipo es, en opinión de todos, EL ritual por excelencia para motivar a los colaboradores y armonizarlos.

¿Por qué? Simplemente porque es el único ritual que permite transmitir la misma información a todos los colaboradores en el mismo momento. Es una formidable herramienta de alineamiento. Invertir tiempo en la preparación de su formato promete un excelente resultado.

A menudo, he planteado la siguiente pregunta: «En tu opinión, ¿cuáles son los factores clave del éxito de una reunión de equipo impactante?». Los tres elementos sistemáticamente citados son el hecho de hacer una reunión participativa, estructurada y variada.

Participativa

Es importante que no hables más del 50 por ciento del tiempo de la reunión. Este tiempo de intervención debe estar equilibrado, los colaboradores deben contribuir, de la misma manera que tú, a este momento colectivo. Estos momentos no son los tuyos, sino los del equipo completo. Por otra parte, una técnica consiste en pedir a un colaborador, diferente en cada reunión, que la modere. Es ideal para que el éxito de la reunión recaiga en los hombros de todos.

Estructurada

Para que sea impactante, la reunión debe ser corta: entre 15 y 45 minutos, según los que han probado más formatos. Esto obliga a dar solo informaciones clave. No olvides preparar cada intervención para controlar los intercambios y evitar que algunas discusiones acaparen la reunión.

Variada

Olvida la ronda en la que cada uno comparte sus novedades. Esto aburre a todo el mundo. Piensa en un formato compuesto por secuencias que permitan cambiar de ritmo varias veces durante la reunión: momento descendente, momento de lluvia de ideas, momento de intercambio... Puedes pedir a algunos miembros de tu equipo que revisen el formato para que sea todavía más pertinente que antes.

3

Convertirse en cinturón negro
de *feedback*

Aceptar recibir preguntas es un acto de humildad. Preguntar a alguien es un acto de humanidad.

Ya hemos visto la noción de *feedback* positivo en la página 185. En las próximas líneas, vamos a concentrarnos en la segunda gran familia del *feedback*.

Un brujo puede decidir utilizar la magia negra o la magia blanca. En lo referente al *feedback*, ocurre lo mismo. Como cualquier arma potente, mal utilizada, puede causar desastres; bien controlada, en cambio, permite reforzar la confianza y mejorar la eficacia. Hacer un *feedback* es un poco como quitar el monigote de la espalda de un compañero el día de los Inocentes: hace tomar conciencia de una cosa no necesariamente placentera, pero es un servicio que prestamos, es una señal de consideración. Si se hace bien, la primera palabra que sale de la boca de la persona a la que damos un *feedback* debe ser «gracias».

Para que sea eficaz, la noción de *feedback* debe ocupar el centro de la cultura de la empresa. No hay nada peor que esperar a la evaluación anual para que un mánager vierta un chorro de reproches a un colaborador, que entonces solo tendrá un deseo: huir sin darse la vuelta.

El cuadrado rojo de Toyota

En Toyota, había un gran cuadrado rojo dibujado en el suelo de la fábrica. Los numerosos empleados tenían que colocarse encima al final de su primera semana de trabajo y no podían salir mientras no hubieran criticado tres elementos de su nuevo entorno de trabajo. Radical pero eficaz.

¿Qué es un *feedback*?

Antes de seguir adelante, es esencial que controles lo que es realmente un *feedback*. En efecto, demasiados mánagers son torpes con esta herramienta, porque tienen una imagen falsa de ella. En la palabra *feedback*, encontramos la palabra *feed*, literalmente 'alimentar' en inglés. Por lo tanto, el objetivo de un *feedback* es alimentar a la persona a la que se lo das. Así que no estás ahí para sancionarla, encauzarla o machacarla, sino para hacerla reflexionar. Por lo tanto, se trata de un acto que no tiene nada de negativo, muy al contrario. Es tomarse el tiempo de analizar una situación pasada con tu colaborador y discutir con él sobre cómo lo podría haber hecho potencialmente mejor.

Por otra parte, es lo que hace cualquier entrenador deportivo profesional: revisa ciertas partes de un partido con su jugador para ver cómo habría podido actuar mejor con objeto de hacerlo bien en el próximo partido.

Un *feedback* es pues una herramienta que permite mejorar. Por eso, no hablaremos aquí de *feedback* negativo, sino de *feedback* «de reto».

Así que consideramos al final dos grandes familias de *feedback*:

- el «*feedback* positivo», a través del cual detallamos a un colaborador una acción que realizó y que nos pareció buena;
- el «*feedback* de reto», a través del cual hacemos reflexionar a nuestro interlocutor comentando una situación en la que, en nuestra opinión, podría haberlo hecho mejor.

Las reglas básicas de un *feedback* de reto

Después de largas conversaciones sobre el tema del *feedback*, he sintetizado las principales reglas básicas que debemos tener en cuenta para hacer un «*feedback* de reto».

Este tipo de *feedback* debe ser...

Preparado

Hacer un «*feedback* de reto» no se improvisa. Estructurar el pensamiento, priorizar, medir las palabras y reflexionar sobre la postura que conviene adoptar son esenciales para evitar herir al interlocutor y transmitir bien el mensaje.

Abierto

Un *feedback* es un intercambio, no un monólogo. No debes jugar a ser el profesor que explica la vida a su alumno. Así que olvida la postura de Señor/Señora Sabelotodo. Eres un mánager *coach* que está ahí para hacer reflexionar a su colaborador. Exponle lo que has visto e inicia el diálogo con preguntas abiertas. Veamos algunos ejemplos de preguntas que lo permiten: «¿Cómo viviste el momento?», «¿Qué piensas de ello?», «¿Te dice algo?».

Privado

El *feedback* se hace siempre a solas. Para que te comprenda y, por lo tanto, ser constructivo, nunca debes hacerlo delante de otras personas, ya que eso incomodaría a tu interlocutor. Por lo tanto, evita hacerlo en un pasillo o en la máquina de café, mejor en una sala a puerta cerrada o en el exterior, cuando nadie de la empresa pueda escuchar lo que se dice.

Cómo tener éxito siempre en tus *feedback*

Sintetizando los centenares de conversaciones con mánagers sobre el tema, he definido el método CIA. Este método permite estructurar los *feedback* en tres tiempos y asegurarse de que son constructivos y no violentos.

Veamos las tres etapas del método CIA.

C de «comportamiento»

Describe el comportamiento del colaborador: su actitud, su acción, sus palabras; en suma, sé preciso en lo que le digas. Concéntrate bien en la descripción de su comportamiento y, sobre todo, no emitas ningún juicio de valor personal.

I de «impacto»

Explica las consecuencias de este comportamiento para ti, para el equipo o las diferentes partes que participaron en la situación o en el comportamiento.

A de «actuar mejor»

Para concluir tu *feedback*, empieza por preguntarle lo que piensa de lo que le has dicho y después inicia una discusión para proyectarlo hacia el futuro. El objetivo de esta secuencia es reflexionar juntos en esta pregunta: si mañana te enfrentaras de nuevo a la misma situación, ¿cómo podrías actuar mejor?

Veamos un ejemplo de feedback CIA:

«Esta mañana, durante la reunión sobre el presupuesto que dirigías, iniciaste una ronda de intervenciones en el primer minuto sin tomarte el tiempo de establecer el marco de la reunión. (C)

»La reunión no estuvo tan bien estructurada como habría podido estar. Además, acabó con retraso sin que se llegara a tomar una decisión demasiado clara. (I)

»¿Qué piensas de eso? ¿Compartes mi punto de vista? ¿Crees que la reunión habría podido ir mejor? (A)»

A través de este ejemplo, puedes ver que nos encontramos claramente en la formulación de un *feedback* al hacer reflexionar al colaborador para que mejore en la próxima reunión que dirija.

Un mal mánager formularía esta conversación de la siguiente manera:

«Me pareció que tu reunión estaba mal dirigida. ¡Fue un caos!» Aquí es fácil comprender que nos encontramos ante el registro del reproche, que no induce ni a reflexionar ni a mejorar.

Abandona el «shit burger»

Cuando queremos decirle algo a alguien que no es positivo, un reflejo natural consiste en:

- empezar por hacer un comentario positivo para atenuar el impacto de la observación negativa que llegará después;
- deslizar el reproche;
- acabar con una observación simpática para aportar una nota positiva.

Un ejemplo: «Qué bien que reunieras a todo el mundo esta mañana para hablar del presupuesto, ¡pero la reunión estuvo mal dirigida! En fin, de todos modos, está bien verse para hablar de ello». En definitiva, haces un comentario negativo rodeado de dos rebanadas de pan de cumplidos o de comentarios positivos. El conjunto forma una hamburguesa muy indigesta para la persona que la recibe.

En efecto, su construcción es infantil, y tus colaboradores te verán venir de lejos. Se dirán desde tu primera frase: «Vaya, ¿qué habré hecho mal, ahora?». No se concentrarán en el fondo de tu mensaje y todavía menos en mejorar después de haberte escuchado. Así que deja esta mala hamburguesa en el armario y prepara tus *feedback* antes de darlos basándote en el método CIA. Esto también marca la diferencia entre un mánager amateur y un auténtico profesional.

¿*Feedback* verbal o escrito?

Para mantener a un colaborador motivado, se recomienda, en la medida de lo posible, no hacer el «*feedback* de reto» por escrito. En efecto, un email es de sentido único, el colaborador lo leerá solo, sin la posibilidad de responder o de cuestionar. Además, el mensaje escrito siempre se percibe de forma más violenta que el verbal.

En cambio, un *feedback* positivo puede hacerse por email. Esto permite potenciar a un colaborador sin tener que esperar a cruzarse con él para hablarle. Si felicitas por escrito a un colaborador que no forma parte de tu equipo, no olvides poner a su mánager en copia. El efecto de «reconocimiento» se multiplicará y tu imagen de mánager benevolente se extenderá con rapidez.

En resumen:

Tipo de *feedback*	Verbal	Escrito
Positivo	Sí	Sí
Reto	Sí	No

El método para recibir *feedback* del equipo

El *feedback* no es el privilegio del mánager. Todos tenemos necesidad de ver las cosas en perspectiva y mejorar.

No obstante, es muy raro que un mánager reciba *feedback* por parte de su equipo. Así que veamos un método en tres etapas para maximizar tus posibilidades de recibirlo.

Etapa I: explicar el «porqué» de esta necesidad *de* feedback

Si quieres tener *feedback* por parte de tu equipo, háblale con claridad. Veamos un ejemplo: «Yo soy como todo el mundo, no soy perfecto. Cometo errores y torpezas. Trabajamos juntos día a día, así que sois los más adecuados para ayudarme a progresar. Además, siempre habrá diferencias entre mis interpretaciones y lo que pasa por vuestras mentes. Por todas estas razones, necesito recibir *feedback* positivos y *feedback* de reto regularmente por vuestra parte, de la misma manera que yo os los doy regularmente. Es un acto de doble sentido».

Etapa 2: hacer preguntas concretas

Si quieres *feedback*, olvídate de la famosa pregunta «¿Tienes algo que decirme?» a un colaborador. Lo pillarás desprevenido y no sabrá qué responder. A pregunta vaga, *feedback* flojo, mientras que, a pregunta concreta, *feedback* concreto. Debes guiarlo haciéndole preguntas concretas sobre temas de los que te gustaría conocer su opinión. Algunos ejemplos: «¿Qué has pensado sobre la manera en que he dirigido la reunión de equipo?», «¿Estoy demasiado presente o no lo suficiente día a día?», «¿Qué te pareció mi última charla en el seminario?».

Etapa 3: dejar una semana de reflexión

Incluso siendo preciso, hacer una pregunta de esta naturaleza puede desestabilizar. Por lo tanto, el riesgo es que tu colaborador sea demasiado complaciente o no muy pertinente por falta de perspectiva sobre el tema. Ofrécele un tiempo de reflexión para que piense en detalle; puedes decirle, por ejemplo: «Te lo mando por email y te propongo que hablemos de ello en nuestra reunión individual de la semana próxima. Me interesa mucho conocer tu opinión sincera sobre el tema».

Si respetas estas tres etapas, maximizarás tus posibilidades de tener *feedback*, tanto positivos como de reto, por parte de tu equipo. En cambio, debes estar dispuesto a oírlo todo si te lanzas a este proceso. El objetivo no es que te alaben. Tienes que estar preparado para que te cuestionen un poco, pero también para recibir positivamente todas las observaciones.

En todos los casos, incitar a tu colaborador a decirte lo que podrías hacer mejor es un acto de gestión potente que te introducirá en la categoría de los buenos mánagers. Tu humildad reforzará la confianza que él tiene en ti.

Acabamos de ver cómo gestionar tus relaciones con los colaboradores de forma individual y hacer *feedback* eficaces. Ahora nos vamos a interesar por una configuración a menudo temida cuando se es mánager: la gestión empresarial a distancia.

4

Gestionar a distancia

«Ojos que no ven, corazón que no siente», dice el refrán. Pues bien, según los centenares de conversaciones con mánagers y colaboradores sobre el tema, tengo que confesar que parece verificarse con el teletrabajo. Flexibilidad, mayor concentración, menos tiempo pasado en los medios de transporte..., los numerosos beneficios del trabajo a distancia son evidentes. Pero hay un gran problema: se quiera o no, degrada el vínculo social. Para compensar este defecto, tienes que convertirte en «un mánager aumentado».

El mánager aumentado

Por desgracia, no existe una fórmula mágica que transforme la gestión empresarial a distancia en una gestión fácil. En efecto, aunque pueda decepcionarte, gestionar a distancia es gestionar «sin más». ¿Por qué? Simplemente porque no existen dos mánagers en uno: el que tendría un comportamiento «A» a distancia y un comportamiento «B» presencial. De la misma manera que no existen doctor Jekyll y Míster Hyde en los colaboradores: sus necesidades en modo presencial o a distancia son las mismas. La única diferencia es que, a distancia, todo se exacerba.

El menor silencio en una conferencia telefónica puede interpretarse como un gran malestar, de la misma manera que un pequeño malentendido debido a una información que circula mal en el equipo corre el riesgo de adquirir unas proporciones increíbles.

Una vez más, las necesidades de tus colaboradores son las mismas, pero multiplicadas por diez. Por eso, a distancia, tienes que poner en marcha lo que llamaremos aquí una gestión empresarial aumentada. Veamos en especial tres dimensiones que no deben pasarse por alto para aplicar de manera concreta esta noción de mánager aumentado: los rituales, el marco y la comunicación.

Unos rituales aumentados

Con los colaboradores a distancia, es indispensable replantear los rituales de equipo. Veamos algunos ejemplos concretos.

- Imaginemos el caso de un colaborador a distancia a tiempo completo: en lugar de hacer una reunión individual a la semana, puedes pensar en convocar reuniones por videoconferencia o por teléfono más frecuentes pero más cortas (por ejemplo, diez minutos cada dos días).
- Imaginemos ahora el caso de un equipo disperso geográficamente: ¿por qué no hacer una reunión de equi-

po cada mañana de quince minutos, durante la cual cada uno expone sus principales prioridades del día, en lugar de esperar a la gran reunión de equipo semanal para crear un espíritu colectivo?

Un marco aumentado

Los contornos del terreno de juego del equipo pueden parecer más borrosos cuando se teletrabaja. Debes tomarte el tiempo de fijar con tu equipo unas reglas claras que permitan a cada uno vivir de manera más serena una organización híbrida, como:

- ¿Qué canales de comunicación deben privilegiarse según los temas y el grado de urgencia?
- ¿Qué reglas del juego deben establecerse para las reuniones por videoconferencia (duración máxima, cámara o no...)?
- ¿Cómo hay que comunicar la disponibilidad cuando se trabaja a distancia?
- Etc.

Una comunicación aumentada

Un poco antes, en este libro, hemos recordado que comunicar bien es repetir. En efecto, a menudo hay que multiplicar los canales de comunicación para asegurarse de que los mensajes clave se transmiten al conjunto del equipo: oralmente en la reunión de equipo y después en la reunión individual, así como de forma escrita por email. El trabajo a distancia, incluso parcial, implica una pérdida de intercambios informales y, por lo tanto, una pérdida de información. Las discusiones frente a la máquina de café, en el ascensor o ante un café ya no están ahí para hacer circular las informaciones con mayor facilidad. Por eso, debes estar todavía más atento que de costumbre en este sentido.

Cuidado con la preferencia geográfica

Si diriges a unos colaboradores una parte de los cuales trabaja a distancia y la otra de forma presencial, un error clásico consiste en privilegiar a los que están físicamente contigo. Compensa esta configuración pasando más tiempo con los que están a distancia. Además, durante las reuniones de equipo, pon a todo el mundo en condiciones de igualdad. Actúa de manera que todos estén presentes físicamente y, si no es posible, pon a todo el mundo en videoconferencia, incluso a los que están presentes físicamente. Esto evitará que los que están en videoconferencia se sientan en desventaja en sus interacciones con el resto del grupo reunido presencialmente.

Estructura los reencuentros

Como hemos dicho antes, después de varios años de experiencia, los testimonios de cientos de mánagers van en el mismo sentido: el teletrabajo erosiona los vínculos sociales en el seno del equipo. Por eso, debes minimizar este impacto viéndoos menos, sí, pero mejor.

Veamos algunos consejos que me han dado para conseguir mantener unido al equipo en formato híbrido.

- Determina al menos un día fijo durante el que todo el equipo acude a la oficina (ejemplo: todos los martes o cada primer lunes del mes).
- Para estos días, prevé momentos de convivencia todos juntos (un almuerzo de equipo, una copa después del trabajo en el bar de la esquina...).
- Prevé también, en estas secuencias, momentos de trabajo colectivo (reuniones de equipo, talleres de inteligencia colectiva, etc.).

Si aplicas estos tres consejos, aseguras inyecciones regulares de recordatorio colectivo a cada uno para reforzar los recuerdos comunes, así como los momentos para compartir. Por lo tanto, esto contribuirá a mantener una cohesión y una sensación de pertenencia, a pesar de la distancia parcial, e incluso total, durante el resto de la agenda.

Tanto a distancia como de manera presencial, a veces se presentan situaciones sensibles en las que es necesario decirse las cosas claramente. Te propongo ver ahora cómo conseguir orientar bien estas conversaciones difíciles.

5

Manejar conversaciones difíciles

El éxito de una persona en la vida se mide, en general,
por el número de conversaciones desagradables que está
dispuesta a tener.

Tim Ferriss[25]

Así que, en las próximas líneas, vamos a hablar de situaciones
puntuales que requieren actuar con rapidez cuando se es mánager. Abordaremos las situaciones más complejas y que persisten
durante largo tiempo en la parte 6 de este libro, «Separarse».

Colaboradores que no respetan el marco planteado con
el equipo, que tienen comportamientos o una actitud in-
compatible con la cultura de la empresa o simplemente que
no alcanzan los objetivos esperados, las razones para tener
una discusión llamada difícil son numerosas.

Aunque no le gustan a ningún mánager, son inevitables
en una carrera de «jefe». Y en estos momentos complicados
es cuando se reconoce a los buenos mánagers y a los que
prefieren esconder la cabeza como un avestruz y olvidarse
de su valentía de mánager.

Reenfoca sin temblar con el método CID

En la era de la gestión empresarial benevolente, la palabra «reenfoque» tiene una connotación peyorativa. Sin embargo, es un ejercicio de gestión primordial que consiste simplemente en, como su nombre indica, recuperar el enfoque fijado inicialmente con uno o varios miembros del equipo.

Pero, muy a menudo, las nociones de *feedback* y de reenfoque se confunden. La principal diferencia entre un *feedback* y un reenfoque es su finalidad. Un *feedback* tiene por objeto ayudar a un colaborador a mejorar. Un reenfoque tiene como objetivo hacer cumplir una regla explícita o implícita (horarios no respetados, comportamientos groseros...). Dado que la intención es diferente, la manera de formularlos también es distinta.

¿Recuerdas el método CIA descrito en las páginas anteriores para formular un *feedback* eficaz? Pues bien, para un reenfoque, los dos primeros pilares serán los mismos, pero el tercero difiere. Veamos cómo el CIA se convierte en CID.

- La C de «comportamiento»: se revisan los hechos (ejemplo: «Ya van dos veces seguidas que llegas tarde a la reunión de equipo»).
- La I de «impacto»: se describe el impacto del comportamiento en uno mismo y en los demás (ejemplo: «Perdemos tiempo, porque hay que repetir lo que te has saltado y eso altera el curso de la reunión»).
- La D de «demanda»: se formula una petición clara al colaborador, a la que debe responder favorablemente (ejemplo: «¿Puedes llegar en adelante sistemáticamente a la hora?»).

Durante un reenfoque, sucede con bastante frecuencia que el colaborador intenta justificarse o quejarse. Se recomienda evitar entrar en el juego de estas discusiones y volver sistemáticamente a la petición final.

Muy pocos mánagers se atreven a mantener conversaciones difíciles con algunos colaboradores que plantean problemas. Pero un mánager que no dice nada sobre los comportamientos tóxicos es un mánager que los acepta, incluso que los estimula. «Si no me dicen nada, ¿por qué parar?», se dirá el colaborador en cuestión. De esta manera, el mánager mantiene —incluso amplifica— el problema y manda una imagen catastrófica al resto del equipo. Es el mejor modo de hacer huir a los que tienen una actitud adecuada. Por lo tanto, hay que evitarlo y reaccionar de inmediato cuando se considere que un colaborador realmente se pasa de la raya. A corto plazo, es claramente más incómodo que esconder la cabeza como un avestruz, pero, a medio y largo plazo, es mucho mejor.

El método SQP

Cuando un colaborador no hace bien su trabajo, plantéate las siguientes preguntas: ¿no lo hace porque no...

- sabe hacerlo?
- quiere hacerlo?
- puede hacerlo?

En el primer caso, es un tema de falta de formación; en el segundo, es una cuestión de comportamiento; en el tercer caso, es un tema de medios.

Intenta responder a esta pregunta por tu lado antes de ir más lejos. Eso hará bajar la presión por tu parte.

También puedes pedirle que se posicione entre estas tres opciones. Con mucha frecuencia, existe una diferencia entre tu percepción y la de tu colaborador, por lo tanto, plantearle frontalmente la pregunta te permitirá comprender mejor lo que de verdad lo bloquea.

Después de haber abordado la noción de conversación difícil con un colaborador, ahora vamos a profundizar más en los conflictos que pueden surgir en tu equipo y cómo gestionarlos.

6

Atenuar los conflictos

La mejor manera de salir de un embrollo es hacer preguntas.

ORELSAN

Estrés, presión, diferencia generacional o cultural..., es normal que aparezcan tensiones en el seno de un grupo. De la misma manera que el estrés bueno puede ser estimulante, un conflicto bien gestionado puede incluso ser constructivo. A la inversa, en un contexto en el que no existe realmente una cohesión global, las tensiones pueden ser destructivas. Silencio, frasecilla asesina, sobreentendido, soplido de exasperación, tono que sube o agresión verbal: las tensiones pueden adquirir formas muy diferentes. En todos los casos, debes estar muy atento a las menores señales débiles de tensión y actuar con la mayor rapidez posible. Un conflicto que se establece a lo largo del tiempo nunca conduce a nada bueno. El problema con el conflicto es que se contagia. Sucede a menudo que una tensión mal gestionada entre dos colaboradores se transforma en una auténtica guerra de trincheras entre dos equipos.

Durante este tiempo, la energía desplegada para alimentar este conflicto no se utiliza para hacer avanzar la empresa en el sentido adecuado. Y, sobre todo, el conflicto siempre es una carga mental inútil que puede conducir a la desmotivación, el absentismo e incluso a las dimisiones.

Las «3 F» del conflicto

Un conflicto surge de una amenaza potencial. Y desde la noche de los tiempos, se observan tres grandes tipos de reacciones cuando uno se siente amenazado. Los estadounidenses, que suelen tener el sentido de la fórmula, los llaman las 3F.

- *Fight* (atacar/agredir): el tono en aumento, las frasecillas asesinas, etc.
- *Flight* (evitar/huir): alguien que se marcha precipitadamente de una sala de reuniones.
- *Freeze* (encerrarse en sí mismo/callarse): alguien que ya no dice nada y cruza los brazos.

Cuando observes una de estas reacciones en tus colaboradores, ¡alerta roja! Es que aparece una tensión.

Como «casco azul» de tus equipos, te corresponde intervenir antes de que la situación vaya a más. Veamos varias técnicas para prevenir y resolver conflictos, con el fin de evitar que degeneren.

Cómo evitar conflictos inútiles

La fuente de la mayoría de los conflictos es la misma: un problema de comunicación. Para ayudar a los colaboradores a comunicarse mejor entre ellos, los centenares de mánagers a los que he entrevistado me han recomendado especialmente tres herramientas: compartir el manual de instrucciones, la comunicación no violenta y el método DISC.

Compartir el manual de instrucciones en el trabajo

Ya hemos hablado de esta herramienta en la parte sobre «el *onboarding*» y sobre «el arte de tratar con el mánager» anteriormente en este libro. Como recordatorio, lo que llamo manual de instrucciones es un documento que explica a los demás todo lo que es importante conocer sobre cómo procedemos en el trabajo.

Veamos unos ejemplos de lo que se puede encontrar en él:

- «No me gusta en absoluto tomar la palabra en público.»
- «Me gusta que me hablen claro.»
- «Soy más bien de los que primero actúan y después reflexionan.»
- «Tres adjetivos que me describen en el trabajo: emprendedor, a la escucha y optimista.»

Es la herramienta ideal para conocerse mejor, comprenderse y, por lo tanto, trabajar mejor juntos.

Lo ideal es que cada miembro del equipo se preste al juego y lo escriba, y que cada uno se lo comunique al otro en un momento en que estén juntos. Si bien esto no permitirá evitar el cien por cien las tensiones debidas a unos modos de funcionamiento demasiado diferentes, hará posible, cuando surjan, facilitar el diálogo entre los colaboradores, que podrán acudir a este documento para comprenderse mejor y conversar.

La comunicación no violenta

Para tener un equipo eficaz y que avance en el sentido adecuado, el *feedback* debe ser el núcleo de la cultura. Pero hablarse directa y francamente requiere un cierto dominio para que las conversaciones sean constructivas y no hirientes, incluso insultantes. Y esto está lejos de ser natural para todo el mundo. Una cultura del *feedback* sin dominar el arte del *feedback* puede convertirse en una escabechina.

Para evitarlo, te recomendamos que sensibilices e incluso formes a tus colaboradores en la comunicación no violenta (a menudo llamada CNV), desde que entran en la empresa. Debemos este concepto[26] al psicólogo estadounidense (otro más) Marshall B. Rosenberg, fallecido en 2015. Fomenta las conversaciones que vienen del corazón para dialogar positivamente y expresar las necesidades con claridad y precisión.

Más allá de esta definición, veamos un método concreto que ayudará a tus colaboradores a hacerlo suyo y aplicarlo en la vida cotidiana.

El método OSND

Permite estructurar fácilmente lo que se quiere decir a un interlocutor. Aunque la conversación trate de una cuestión desagradable, la aplicación de este método asegura un intercambio sereno y permite llegar a una solución constructiva.

Consideremos una situación concreta: en el *open space*, un colega descuelga el teléfono y habla tan fuerte que molesta al conjunto del equipo.

La reacción primaria podría ser decirle: «¡Deja ya de hablar tan alto, fastidias a todo el mundo!». Es fácil darse cuenta de que esta reacción generaría unas tensiones suplementarias inútiles.

Entonces, ¿cómo utilizar la comunicación no violenta para transmitir este mensaje al colega de manera eficaz?

Sigue la guía con el método OSND.

- O de «observación»

Debes empezar por describir los hechos de manera objetiva, sin juicio ni interpretación. Evita multiplicar los «tú» o los «usted» que estigmatizan.

Ejemplo: «Cuando hablas por teléfono, el nivel sonoro general aumenta».

- S de «sentimiento»

Después de haber descrito los hechos, tienes que compartir tus propios sentimientos y emociones. También en este caso, evita los «tú», que pueden conducir a una interpretación o un juicio y no permitir expresar el sentimiento que experimentas.

Ejemplo: «Cuando hay ruido, no consigo concentrarme y, como soy menos eficaz, me da miedo tener que acabar tarde».

* N de «necesidad»

Una situación nunca genera, por sí sola, emociones negativas (miedo, cólera, estrés, vergüenza...). Tu sentimiento se manifiesta porque, en realidad, no se satisface una de tus necesidades. Ser capaz de conectarse a las propias necesidades no satisfechas es el primer paso hacia la resolución del problema. Según Rosenberg, «los juicios que hacemos sobre otros son expresiones desviadas de nuestras propias necesidades insatisfechas».

Ejemplo: «Necesito tranquilidad para trabajar eficazmente».

* D de «demanda»

Para terminar, la última etapa consiste en expresar claramente tu demanda a tu interlocutor, para que la situación no se reproduzca en el futuro. No se trata en ningún caso de una exigencia, que implicaría una relación de superioridad. Por lo tanto, evita los «es necesario», «tienes que», los verbos en imperativo que generarían sumisión o revuelta. Opta por peticiones en forma de preguntas y muestra empatía para que te escuche. Una vez obtenida su respuesta, dale sinceramente las gracias por haberte escuchado.

En el ejemplo, la conversación acabaría así: «Sé que es

más molesto para ti, pero ¿podrías estar de acuerdo en hacer tus llamadas en la sala de reuniones, por favor?».

En resumen, el: «¡Deja ya de hablar tan alto, fastidias a todo el mundo!», que se habría saldado con una respuesta del tipo «¡Oh, no te metas conmigo! ¡Eres tú el que fastidia a todo el mundo!», se convierte en:

«Cuando hablas por teléfono, el nivel sonoro general aumenta» (Observación).

«Cuando hay ruido, no consigo concentrarme y, como soy menos eficaz, me da miedo tener que acabar tarde» (Sentimiento).

«Necesito tranquilidad para trabajar eficazmente» (Necesidad).

«Sé que es más molesto para ti, pero ¿podrías estar de acuerdo en hacer tus llamadas en la sala de reuniones, por favor?» (Demanda).

Cuando estalla una gran tensión entre dos colaboradores, deja pasar veinticuatro horas y después presenta a cada uno este método. A continuación, proponles revisar lo que ha pasado preparando una conversación con el otro basada en estas cuatro etapas OSND. Si todos respetan esta regla del juego, su conversación debería transcurrir de forma tranquila.

Ir a la colina del otro

«Nunca vemos las cosas tal como son, las vemos tal como somos.» Esta frase, que debemos a la escritora estadounidense Anaïs Nin, resume muy bien lo que ocurre en la mayoría de los conflictos. Varias personas pueden vivir de manera muy diferente la misma situación. En caso de tensiones entre dos colaboradores, invita a cada uno a ir a la colina del otro, es decir, a intentar ver la situación tal como el otro la ha vivido. Cuando se comprende el punto de vista del otro y viceversa, el 90 por ciento del problema está resuelto.

El método DISC

«La calidad de nuestra comunicación no está determinada por la manera en que decimos las cosas, sino por la manera en que las comprendemos.» Esta cita de Andrew Grove resume bastante bien el hecho de que muchos problemas de comunicación vienen de un desconocimiento del otro. Comprender y aceptar que el otro no funciona de la misma forma que nosotros es el primer paso hacia una comunicación serena.

Muchos mánagers que he conocido utilizan con éxito el método DISC, que permite identificarse entre cuatro grandes perfiles de comportamiento. Una vez identificado el perfil del interlocutor, resulta muy fácil adaptar el modo de comunicación y el comportamiento para evitar las tensiones.

Debemos este método a un hombre sorprendente, William Moulton Marston, a la vez psicólogo, inventor, escritor y guionista de cómics estadounidense (¡es el creador del personaje *Wonder Woman*!). En 1928, en uno de sus libros,[27] teoriza sobre el comportamiento humano a través de cuatro ejes: el dominio (D), la influencia (I), la sumisión (S) y la conformidad (C).

Más tarde, su concepto se recuperó y evolucionó hacia un sistema basado en colores, en el que cada color define un gran perfil de comportamiento. Aunque es muy raro que un individuo se reduzca a un solo color, es probable que cada uno de tus colaboradores tenga un color dominante.

Veamos una breve descripción de cada perfil.

El azul

Tiene tendencia a ser preciso, riguroso, prudente, estructurado, reflexivo, objetivo y crítico. Le gusta estar solo, aplicar unas reglas precisas y seguir unos procedimientos rigurosos.

El rojo

Es autoritario, ambicioso, directo, decidido, emprendedor, agudo y eficaz. Le gusta el reto y discutir sobre las visiones de conjunto.

El amarillo

Es entusiasta, positivo, animado, inspirado y sociable. Se siente especialmente bien en el trabajo en equipo y necesita el contacto. La novedad lo estimula, tiene tendencia a querer ser el centro de atención y le gusta orientar a los demás.

El verde

Es dulce, paciente, tranquilo, tolerante y estable. Relajado, no le gustan ni el estrés ni los conflictos. A la escucha, tiene en cuenta a los demás de manera natural.

También puedes recurrir a un consultor externo especializado en dirigir talleres. Su neutralidad ayudará a tus colaboradores a entrar por completo en el juego. El objetivo de estos talleres es actuar de modo que los colaboradores se conozcan mejor, lleguen a identificar los perfiles de sus colegas y tengan las claves para colaborar de manera más armoniosa.

El manual de instrucciones, el método OSND en comunicación no violenta y el método DISC son tres herramientas excelentes para evitar tensiones. Por desgracia, la aparición de un conflicto a veces es inevitable. Ahora, vamos a ver cómo evitar que la situación degenere.

Cómo solucionar fácilmente los conflictos

Si estalla un conflicto entre colaboradores o entre equipos, hay una sola cosa que hacer: ¡actuar deprisa! Veamos unas técnicas para hacerlo de manera eficaz.

Jugar al «artificiero»

Para evitar que las situaciones tensas pasen a mayores, hay que empezar por banalizarlas, es decir, difundir la idea de que es normal que aparezcan tensiones.

Después, el medio más eficaz que me han explicado para aliviarlas fácilmente es «marketear» su solución. Esto pasa por dar un nombrecito gracioso a la resolución, con el objetivo de desdramatizar estas situaciones a menudo sensibles. Algunas empresas lo han llamado «jugar al artificiero» o «sacar la bandera blanca».

Puede parecer evidente, pero haber dado un nombre al hecho de ponerse alrededor de una mesa y hablar del punto de tensión hace que el proceso sea mucho más natural. «Ritualizarlo» lo inscribe en la cultura de la empresa y cada recién llegado se sensibiliza. La experiencia de los mánagers que lo han hecho es inapelable: oyen regularmente a los colaboradores decirse «venga, ven, vamos a jugar a los artificieros», y las tensiones se amortiguan muy deprisa.

Esto incita a algunos colaboradores que observan una situación conflictiva a tomar la iniciativa y buscar a un artificiero para ayudar a que dos colegas se hablen. Cuando es un colega el que te propone desempeñar el papel de mediador, es todavía más fluido. Y, una vez más, el hecho de haber formalizado este proceso al darle un nombre es lo que hace que el conjunto de los colaboradores sean especialmente sensibles a él.

No te metas en lo que no te importa

Sucede con frecuencia que un colaborador se queja a su mánager de las dificultades de relación que tiene con uno de sus colegas. Si no has sido directamente testigo de una escena durante la cual uno de los miembros de tu equipo se ha comportado mal con otro y piensas que no se trata de un caso especialmente grave, evita entrar en los detalles del conflicto. No por meterte en lo que «no te importa» conseguirás solucionar el problema. Te arriesgas a perder mucho tiempo y energía. Cada uno tendrá su percepción de los hechos y tus colaboradores la tomarán contigo uno tras otro, algunos incluso aprovechándose de que no estabas ahí. En esta situación, es mejor responsabilizar a cada uno en reuniones individuales e invitarlos a hablarse como dos adultos responsables, revisando cada uno los hechos y los sentimientos, y expresando sus necesidades frente al otro. En el 90 por ciento de los casos, esto soluciona el problema sin intervención directa por tu parte. En cambio, no porque no te impliques directamente en la resolución del problema debes dejar de dar muestras de empatía y escucha ante las diferentes partes implicadas en el conflicto.

Dos talleres para liberar la palabra

A veces, dejar que los colaboradores solucionen sus conflictos no es suficiente. Entre cierto número de talleres que me han recomendado, he escogido los dos que permiten retomar un diálogo con más facilidad.

El póquer

Es un excelente taller para ayudar a los miembros de un equipo a constatar sus divergencias de opiniones sobre un tema determinado. A la manera del programa televisivo *L'École des fans*, se invita a los participantes a expresar sus opiniones respecto a las afirmaciones enunciadas por el animador, utilizando cartas numeradas del 0 al 9. El presentador lee, por ejemplo, la afirmación siguiente: «La comunicación en el seno del equipo es fluida». Cada uno muestra al mismo tiempo la carta que corresponde a lo que piensa de la afirmación: 0 para «La comunicación no es en absoluto fluida» y 9 para «La comunicación es perfectamente fluida». Entonces se inicia una discusión entre los que tienen las puntuaciones más opuestas. Esto permite darse cuenta de manera lúdica de las diferencias de percepción y generar un diálogo sobre estas divergencias.

La foto

Es el taller ideal cuando aparecen tensiones entre dos equipos. Cada equipo tiene que expresarse sobre la manera en que piensa que lo percibe el otro con la ayuda de fotos o ilustraciones. Este efecto de «espejo» permite evitar caer en el ataque y generar un diálogo sereno.

Por ejemplo: una imagen de *Astérix* para expresar la percepción de un equipo como un «pueblo galo» o una foto del muro de un castillo fortificado para ilustrar el aspecto infranqueable y encerrado en sí mismo del equipo. El enfoque lúdico y visual es perfecto para abordar temas sensibles.

El conjunto de estas técnicas permite evitar que un conflicto aparezca o se propague. Tus colaboradores deben ser conscientes de que no están obligados a entenderse con todo el mundo; en cambio, deben poder trabajar con todos.

De lo individual a lo colectivo

Cuando presientas tensiones respecto a ti o entre miembros del equipo, sobre todo no intentes abordar el tema de manera colectiva. ¡Podría acabar muy mal! Empieza siempre por hablar individualmente con cada uno para comprender mejor la situación y alinear a todo el mundo antes de reunir, si es necesario, al colectivo. Este consejo también vale cuando tienes que comunicar noticias sensibles (una reorganización, una mudanza...). Organiza las reuniones en un mismo día con cada uno de los colaboradores para comunicárselo individualmente, escuchar sus eventuales temores y tranquilizarlos antes de volver a anunciar la noticia de manera colectiva una segunda vez. De esta manera, habrás disipado la mayoría de las resistencias y podrás adaptar mejor tu discurso para implicar más a todos.

El conflicto está lejos de ser el único factor de desmotivación de tus colaboradores. Ahora vamos a centrarnos en los otros elementos que pueden incidir negativamente en la moral de tus tropas.

7

Lo que desmotiva a los colaboradores

En las entrevistas que hice para preparar este libro, me citaron otras fuentes de desmotivación de los colaboradores. He seleccionado en esta parte las seis más referidas: la microgestión, la macrogestión, las frustraciones cotidianas, la «reunionitis aguda», la montaña de trabajo y los fracasos.

La micro y la macrogestión

Dos fenómenos opuestos conducen a menudo al mismo resultado: la desmotivación de los colaboradores.

La microgestión consiste en controlar los menores hechos y actos de los miembros del equipo. Genera estrés y disminuye el nivel de confianza. «El mejor mánager es aquel que sabe encontrar a los talentos para hacer las cosas y que también sabe refrenar sus ansias de intervenir mientras las hacen», decía Theodore Roosevelt.

Así que, si te reconoces al menos en una de estas descripciones, mantente alerta:

- Interrumpes a menudo a tus colaboradores cuando hablan.
- Hablas más de lo que escuchas.
- Pones sistemáticamente manos a la obra en una tarea cuando no es tu papel.
- Dices siempre qué hacer y cómo hacerlo.
- Nunca construyes junto con los demás los objetivos ni las decisiones que se toman.
- Pides mucha información a tus equipos.
- Te sientes incómodo cuando tus colaboradores están a distancia.

La macrogestión, por el contrario, es no controlar nada, no saber lo que hacen ni lo que sienten día a día los colaboradores. Según la experiencia de los que han contribuido a este libro, la macrogestión empieza cuando el mánager dedica menos de treinta minutos a la semana a las reuniones cara a cara con su colaborador.

También en este caso, ponte en guardia sobre el tema si te reconoces en al menos una de estas descripciones:

- Descubres regularmente cosas sobre el equipo por otras personas de la empresa.
- No tienes rituales individuales ni colectivos con el equipo.
- Haces pocas preguntas a tus colaboradores.
- Prefieres teletrabajar en lugar de estar con tu equipo.
- Te molesta que un colaborador entre en demasiados detalles sobre una tarea contigo.

Tienes que ser un buen alquimista para encontrar la dosis perfecta entre acompañamiento y autonomía. Dado que tus colaboradores se encuentran en estados de madurez diferentes, debes encontrar una fórmula personalizada para cada uno. La mejor manera de encontrar el equilibrio adecuado es plantear a cada uno la siguiente pregunta: «¿Estoy demasiado presente a tu lado o no lo suficiente?» y después ajustar tu postura.

Las frustraciones cotidianas

Un trabajo es como una gran sala de trabajo compartido. Y, como en toda sala de trabajo, hay cosas que nos gustan mucho y cosas que nos ponen nerviosos en grado extremo.

Dificultad para encontrar salas de reunión disponibles, herramienta que se estropea con demasiada frecuencia, ruido incesante en el *open space*..., numerosas pequeñas cosas de la vida cotidiana pueden convertirse en fuentes importantes de frustración y, al final, de desmotivación.

Para evitar que alteren el compromiso de tus colaboradores, un método eficaz consiste en organizar un taller «antifrustraciones». Su principio es sencillo: se trata de una lluvia de ideas en la que cada uno se expresa sobre lo que le plantea problemas en su vida profesional diaria antes de reflexionar en cómo atenuarlos e incluso suprimirlos.

La reunionitis aguda

Algunas cifras para medir la magnitud del problema:

- Un ejecutivo se pasa una media de dieciséis años de su vida profesional en reuniones.

- Dos horas a la semana de reunión en una empresa de doscientas personas cuestan cerca de un millón de euros al año.
- El 75 por ciento de los ejecutivos declaran que las reuniones les hacen perder tiempo y que acaban por dormirse o responder a sus emails.[28]

Apuesto a que alguna vez has pensado una de estas frases durante una reunión:

- «Pero ¿qué narices hago yo aquí?»
- «Otra reunión que no sirve para nada...»
- «Es lo mismo de siempre, ¿no?»
- «Y pensar que, durante este tiempo, mis emails se acumulan...»

Este fenómeno afecta a todo el mundo, incluidos tus colaboradores. Muchas reuniones en las que participan los desmotivan. Encontrarás a continuación las técnicas más eficaces que puedes aplicar y compartir con tu equipo para que estas reuniones tengan, a partir de ahora, un impacto positivo sobre él.

Cinco prácticas antirreunionitis

- Ninguna reunión después de las cinco de la tarde: para terminar las jornadas con tranquilidad.
- Ninguna reunión los miércoles (o cualquier otro día fijo de la semana): para que todo el mundo tenga tiempo para trabajo de fondo.

- Prohibición de asistir a una reunión si empieza con más de tres minutos de retraso: para evitar perder el tiempo.
- ¡Sin objetivo, no hay reunión! Es decir, obligación de rechazar una reunión si no te dicen lo que se espera de ti, para que cada uno sepa lo que hace allí.
- Obligación de fijar reuniones de 25 o 55 minutos: para evitar llegar tarde si se encadenan las reuniones.

Las tres reglas de oro de una reunión eficaz

Para maximizar el impacto de tus reuniones, veamos tres reglas aprobadas por decenas de mánagers campeones en reuniones eficaces.

Empezar la reunión antes de la reunión

Para que cada uno se sienta implicado antes de llegar a la reunión, veamos los tres elementos que deben figurar en todas tus invitaciones:

- El tema (ejemplo: plan de marketing);
- El objetivo (ejemplo: decidir entre el plan A y el plan B).
- Los prerrequisitos, es decir: «Lo que espero de ti antes de esta reunión» (ejemplo: haber leído tal documento; haber reflexionado en ideas sobre...; haber hecho una lista de tus preguntas sobre tal tema...).

El tema no es el objetivo

Debes prestar atención a no confundir el tema de una reunión con su objetivo. Demasiados organizadores de reuniones piensan que han hecho su trabajo una vez que han enviado el tema en la invitación de una reunión. Ahora bien, el tema de una reunión no indica en absoluto para qué va a servir realmente. Sensibiliza bien a tu equipo para elevar el nivel de exigencia de cada uno sobre el tema.

Cuidar los primeros cinco minutos

Estropear los primeros minutos de una reunión es estropear el conjunto de la reunión. En efecto, es esencial plantear el marco para colocarse colectivamente en la buena dirección. Veamos algunas etapas que deben respetarse para tranquilizar a los participantes y maximizar el impacto de este momento colectivo:

- Explicar el «porqué», es decir, para qué sirve la reunión y qué es lo que la hará eficaz.
- Definir los papeles de cada uno: quién está alrededor de la mesa y por qué.
- Recordar el programa: a qué hora terminará sin falta.
- Describir el desarrollo con las diferentes secuencias de la reunión, así como las reglas del juego asociadas en términos de distribución de la palabra.
- Preguntar si hay preguntas antes de empezar.

Cuidar los últimos cinco minutos

Cuidar los primeros cinco minutos está bien. ¡Pero cuidar los cinco últimos está todavía mejor! Si se supone que la reunión termina a las 12 del mediodía y a las 11.59 h todavía estáis en pleno debate agitado, el final de la reunión será un fiasco. Como organizador de la reunión, debes sacralizar esta última línea recta interrumpiendo las discusiones para concluir tranquilamente con un agradecimiento a los participantes, la síntesis de las conversaciones y la perspectiva sobre la eventual continuación que debe darse a este momento.

Si el objetivo de la reunión era tomar una decisión, estos cinco últimos minutos deben servirte para sintetizar el qué, el quién y el cuándo.

- Qué: ¿cuáles son las acciones esperadas?
- Quién: ¿quién o quiénes son los responsables?
- Cuándo: ¿en qué fechas deben desarrollarse estas acciones?

Algunos ponen una alarma cinco minutos antes del final de una reunión para concluir los debates de manera todavía más fácil.

La regla de las dos pizzas

Jeff Bezos, fundador de Amazon, es el creador de la regla de las dos pizzas, según la cual, si dos pizzas no son suficientes para saciar a todos los participantes (esto representa de cinco a siete trozos), es que son demasiado numerosos. Una imagen sugestiva para recordar que una reunión eficaz es una reunión con un número restringido de participantes.

El método *ROTI*

Procedente del método Agile, el *ROTI* (de *Return On Time Invested,* «retorno del tiempo invertido») es eficaz para evaluar con rapidez la utilidad de una reunión.

Invita a los participantes a votar levantando uno o más dedos, de manera que el número de dedos levantados indicará su grado de satisfacción con la reunión, es decir:

- Cinco dedos: «¡Máxima! ¡Esta reunión era indispensable!».
- Cuatro dedos: «Buena. Nos permitirá ganar tiempo».
- Tres dedos: «Solo moderada. No he perdido el tiempo, pero tampoco lo he ganado realmente».
- Dos dedos: «Útil, pero no ha compensado el tiempo que he pasado en ella».
- Un dedo: «Inútil. No he ganado nada, no he aprendido nada, he pedido por completo el tiempo».

Difunde estas reglas a todos tus colaboradores

Como mánager, debes ser el guardián de todas estas prácticas.

- Comparte con ellos, desde el *onboarding*, las reglas de oro de una reunión eficaz.
- Cuelga estas reglas en todas las salas de reunión.
- Aplícalas, evidentemente, en todas tus reuniones.
- Haz *feedback* (individuales) si constatas que uno de tus colaboradores no encaja bien sus reuniones.
- Incita a tus colaboradores a compartir *feedback* con los moderadores de reuniones que no ponen en práctica estas reglas.

Haz lo que digo, no lo que hago

Todavía veo a demasiados mánagers que miran su teléfono durante las reuniones que organizan. Debes dar ejemplo. Si empiezas a leer tus emails, a mandar un SMS a tu mamá o a distraerte con la última notificación que llega a tu pantalla, enviarás un mensaje simple: «Está bien hacer otra cosa durante esta reunión». Así que intenta estar realmente al cien por cien en el instante presente si quieres conseguir una atención colectiva óptima.

La técnica del «garaje» para ganar tiempo

Antes de la reunión, pega una gran hoja de papel en una de las paredes de la sala. Será la zona de «garaje». En cuanto un tema abordado no esté relacionado con la reunión, corta de inmediato la discusión y anótala en un Post-it, que pegarás en esta zona para dejarlo de lado. Esta técnica te permite eliminar fácilmente estas discusiones no relacionadas con el tema, pero recuperarlas en un segundo tiempo para tratarlas en otro marco.

Cuidar las reuniones a distancia

Un poco como la gestión empresarial en sentido amplio, debes aplicar los consejos citados anteriormente, pero de forma aumentada:

- Ser todavía más selectivo sobre las personas a las que debes invitar para que los participantes se impliquen realmente.
- Hacer trabajar aún más a los participantes antes de la reunión para que sea realmente eficaz el día D.
- Reducir la duración de la reunión para no superar nunca los 55 minutos.
- Cuidar todavía más los primeros cinco minutos siendo especialmente estructurado y preciso sobre la manera en que se desarrollará la reunión.

- Cuidar aún más los últimos cinco minutos, porque, contrariamente al formato presencial, no será posible hablar de manera informal una vez terminada la reunión.

Más allá de esta dimensión aumentada, existen buenas prácticas específicas de las reuniones por videoconferencia.

Dos reglas de oro técnicas

Según la opinión de decenas de animadores expertos en reuniones a distancia, deben respetarse dos reglas de oro para tener la mejor experiencia posible:

- Micrófono cerrado por defecto cuando no se habla para evitar ruidos parásitos.
- Cámara encendida para todos con objeto de minimizar el riesgo de tener pasajeros clandestinos que hagan cualquier otra cosa durante la reunión.

El formato más interactivo posible

En videoconferencia, un monólogo de tres minutos parece de diez. Por lo tanto, procura variar los ritmos en la animación e interactuar con los participantes con la mayor frecuencia que puedas. Evita, si es posible, los pasajes cien por cien informativos de más de cinco minutos. Por otro lado, enviar un máximo de informaciones de antemano permite destinar la mayor parte del tiempo a las interacciones durante la reunión.

Nada de preguntas al aire

Puesto que los micrófonos están cerrados por defecto, la barrera para interactuar a distancia es más grande. Así que evita lanzar preguntas generales al aire como: «¿Qué pensáis de esto?», porque te arriesgas a sentirte muy solo. También en este caso, un silencio de tres segundos parece de treinta. Para evitar esta sensación de soledad, haz preguntas nominativas precisas como: «Jean-Michel, ¿qué opinas sobre este tema?».

Preparar la ronda de intervenciones

En una ronda de intervenciones presencial, el orden de tomar la palabra de unos a otros es evidente. En videoconferencia, no ocurre así. Por lo tanto, para que la ronda de intervenciones a distancia sea más fluida, se recomienda nombrar de antemano a la próxima persona que hablará. Ejemplo: «Jessica, te toca a ti, y después seguirá Jean-Michel». De esta manera, Jean-Michel está avisado y, cuando Jessica haya terminado, activará su micrófono de manera más rápida que si lo pillas por sorpresa.

Cuidar las reuniones híbridas

Lo que llamo aquí reuniones «híbridas» (que también se podrían llamar «asimétricas») son reuniones durante las cuales algunos participantes se reúnen físicamente y otros están aislados en videoconferencia a distancia.

Estas reuniones deben evitarse en lo posible, porque crean una diferencia de experiencia entre los participantes, ya que los que están a distancia siempre son «el último mono».

Lo ideal es hacer reuniones cien por cien presenciales o cien por cien por videoconferencia para evitar esta diferencia. Si llevamos este razonamiento hasta el final, sería necesario que, si hay un participante a distancia, el conjunto de los participantes utilice la videoconferencia con su ordenador para ponerse en condiciones de igualdad. Esto puede parecer extraño en el mismo edificio, ya que, en este momento, los participantes se aíslan cada uno detrás de su pantalla, pero es lo que permitirá optimizar la experiencia de este momento para todos.

Dado que la experiencia de estas reuniones asimétricas no es agradable para nadie, diría, a riesgo de ser provocador, que la mejor reunión híbrida es la que no existe. Pero no vivimos en el mundo de los ositos amorosos y, a veces, este formato es necesario. Sin embargo, requiere una presentación todavía más especial, con un hilo conductor en la mente del moderador: ser inflexible con los presentes y mimar a los que están a distancia.

Veamos unos ejemplos concretos de esta postura:

- Interrumpir inmediatamente a los participantes presenciales que empiezan a andarse con secretos.

- No tomar nuevas decisiones después de que se hayan desconectado los que están a distancia.
- Dar la palabra en primer lugar a los no presentes.
- Preguntar nominalmente a los que están a distancia si la calidad técnica de la reunión es buena antes de empezar.
- Preguntarles regularmente si todo parece claro.

La montaña de trabajo

Estar completamente saturado de trabajo a menudo es fuente de estrés y, con el tiempo, es una causa de desmotivación de los colaboradores.

Para ayudarte y ayudar a tu equipo a controlar la carga de trabajo, puedes basarte en la herramienta del «trapecio de los medios y las exigencias».

Se trata pues de un trapecio (saca tus apuntes de geometría del cole) cuya base inferior representa los medios y la base superior, las exigencias.

Los medios de un colaborador corresponden al conjunto de lo que dispone para llevar a cabo su labor: sus competencias, su experiencia, el presupuesto, los colegas para ayudarlo, el tiempo disponible...

En cuanto a las exigencias, corresponden a lo que se espera de él en términos de calidad del trabajo que debe realizar en un tiempo determinado y con un nivel de calidad preciso (que, a veces, comprende objetivos cifrados concretos).

Para estar tranquilo, los medios deben ser superiores a las exigencias.

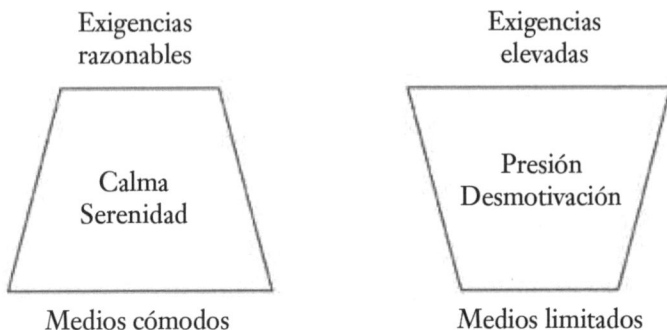

Exigencias razonables

Calma
Serenidad

Medios cómodos

Exigencias elevadas

Presión
Desmotivación

Medios limitados

Pero, si las exigencias empiezan a sobrepasar a los medios, el trapecio se invierte y empiezan las complicaciones. Para controlarlo, te invito a presentar este esquema a tus colaboradores de forma individual y a preguntarles cuál es la forma de trapecio que se adapta mejor a lo que viven en este momento.

Si el trapecio está invertido, tienes dos opciones posibles para poner remedio a la situación:

- Aumentar los medios: descongelar más presupuesto, contratar a un estudiante en prácticas, dejar de lado otros temas, etc.
- Reducir las exigencias: prolongar los plazos, bajar el nivel de los objetivos, reducir la magnitud de la calidad, etc.

Para encontrar juntos la mejor solución, propón a tu colaborador que reflexione y poned en común vuestras ideas para estar de acuerdo en los siguientes pasos.

Los fracasos

El lanzamiento de un producto que no funciona como estaba previsto, una licitación que se lleva la competencia o un concurso perdido a menudo son sinónimos de disminución de la moral de los equipos afectados por estos fracasos. ¿Cómo transformar estos fiascos en oportunidades? Sin caer en el culto excesivo al fracaso, puedes valorizar desde el *onboarding* la idea de que fracasar porque intentamos cosas nuevas es positivo. Mientras no «muera nadie», ningún error es grave, salvo si es intencionado o se repite.

Celebrar los fracasos

Atención, celebrar un fracaso por celebrarlo no tiene mucho sentido. En cambio, cuando los equipos se han entregado a fondo a un proyecto y los resultados, por desgracia, no son buenos, puedes celebrar sus esfuerzos. Es la ocasión de tomar la palabra para manifestar el reconocimiento y hacer un discurso inspirador que vuelva a motivar a las tropas.

Primas al fracaso

Algunas empresas no vacilan en dar primas a los que han sufrido más fracasos durante el año. Es un excelente medio de darle la vuelta al asunto e incitar a los colaboradores a intentar continuamente cosas nuevas. Su experiencia muestra que los que reciben las primas más importantes relacionadas con sus fracasos también son los que, por otra parte, obtienen los mejores resultados.

Ritual del post-mortem

Para que un fracaso se perciba realmente como una oportunidad de hacerlo mejor, es necesario que vaya sistemáticamente seguido de un ritual: el *post-mortem*. Su principio permite reunir alrededor de la mesa a las partes que participan en un mismo proyecto y generar discusiones constructivas. Bien ejecutado, este ejercicio potente conduce a poner en marcha nuevas prácticas para no reproducir los mismos errores.

«Sangre, sudor y lágrimas»

El 13 de mayo de 1940, Winston Churchill pronuncia ante la Cámara de los Comunes su famoso discurso, que hace un llamamiento a Inglaterra para movilizarse contra «la tiranía nazi». ¡Este increíble discurso, que dice, sobre todo, «mostrad vuestro valor, disponeos al combate!», debe inspirarte como mánager. Siempre tienes que tener en mente que las crisis más graves también son las oportunidades más grandes para tomar la palabra y exaltar a tus tropas.

Al tratar uno tras otro estos diferentes factores de desmotivación, liberarás el horizonte de tus colaboradores para convertir a tu equipo en el Dream Team con el que sueñas.

8

La matriz Dream Team

Para personalizar tus acciones de mánager, debes saber en tiempo real cuál es el nivel de eficacia y el nivel de compromiso de tus colaboradores. Para ayudarte a conseguirlo, he formalizado una herramienta de control: la matriz Dream Team.

Atención, esta matriz no recomienda un elitismo absoluto. Para tener un equipo eficaz, como ocurre a menudo en los temas humanos, todo es cuestión de equilibrio. En fútbol, el mejor de los goleadores no es nada sin un excelente pasador. Y un equipo no es nada sin un compañero capaz de motivar al resto con un discurso inspirador justo antes del pistoletazo de salida. Aunque este compañero de equipo sea menos bueno técnicamente que los demás, puede ser decisivo, gracias a sus palabras, para la victoria final. En suma, como habrás comprendido, lo esencial es que cada uno ocupe su lugar para que, individual y colectivamente, los colaboradores y el equipo den lo mejor de sí mismos.

Esta matriz tiene por objeto permitirte hacer un diagnóstico claro de tu equipo y concentrar tu tiempo y tu energía de manera óptima.

La matriz está basada en dos dimensiones:

* el nivel de eficacia del colaborador (*A player*, *B player*, *C player*);
* el nivel de compromiso del colaborador (embajador, pasivo, detractor).

El nivel de eficacia de los colaboradores

Para determinar su nivel, plantéate la siguiente pregunta: «¿Hace subir el nivel medio del equipo?».

En función de la respuesta a esta pregunta, sabrás cómo posicionarlo en este primer eje.

* Sí, lo hace subir: es un *A player*.
* Está en la media: es un *B player*.
* No, lo hace bajar: es un *C player*.

El nivel de compromiso

Es complicado preguntar frontalmente a un colaborador, en una escala de 1 a 10, si recomendaría a un amigo que viniera a trabajar a la empresa.

Por lo tanto, deberás ser tú el que determine su nivel de compromiso. Para ayudarte, veamos una pregunta muy sencilla: «Si un equipo de rodaje viniera a filmar a cada colaborador para entrevistarlo y motivar a otros de unirse a la empresa, ¿serías capaz de dejar que difundiera la entrevista sin controlar ni un poco su contenido?».

En función de la respuesta a esta pregunta, sabrás cómo posicionarlo en este segundo eje.

- «Sí, y el contenido sería eficaz.» Es un embajador.
- «Por qué no, pero tengo dudas sobre la eficacia.» Es un colaborador pasivo.
- «No, pienso que el discurso podría degradar nuestra marca como empleador.» Es un detractor.

Posiciónalos en la matriz

Con las respuestas a las dos preguntas, puedes posicionar a tus colaboradores en la matriz Dream Team:

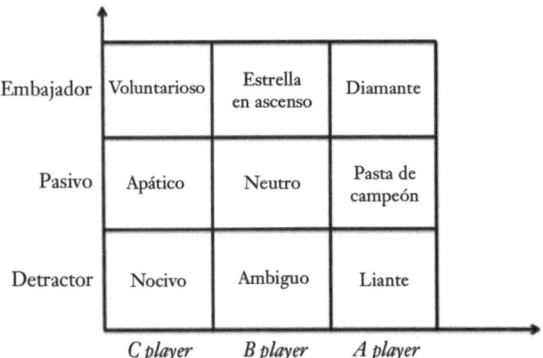

	C player	B player	A player
Embajador	Voluntarioso	Estrella en ascenso	Diamante
Pasivo	Apático	Neutro	Pasta de campeón
Detractor	Nocivo	Ambiguo	Liante

Los seis perfiles sobre los que actuar con prioridad

Debes concentrarte inmediatamente en los siguientes perfiles.

- El «nocivo», el «ambiguo» y el «liante», porque man-
cillan tu marca como empleador y degradan directamente el compromiso de sus colegas. Según la opinión
de todos los que han gestionado equipos que tienen
este tipo de perfiles, debes procurar no agotarte intentando a toda costa hacer que cambien de actitud.
Recomiendan prescindir rápidamente de ellos para evitar que arrastren al resto del equipo hacia abajo.
- El «estrella en ascenso», el «pasta de campeón» y el
«diamante», porque tienes que mantener su nivel de
compromiso en lo más alto.

¿Qué acciones hay que realizar para cada perfil?

El «nocivo» (C player / detractor)

No es eficaz y no se adhiere a los valores de la empresa, así
que tu único plan de acción debe consistir en actuar deprisa
para encontrar una solución y plantearte prescindir de él.
Daña el negocio y la moral de las tropas.

El «ambiguo» (B player / detractor)

A pesar de una eficacia aceptable, puede ejercer un impacto
negativo sobre los demás colaboradores. Debes discutir con
los embajadores para valorar este impacto. Si es importante,
tienes que prescindir de él con rapidez.

El «liante» (A player / detractor)

Sin duda, es el perfil más peligroso. En efecto, sus excelentes competencias técnicas hacen que puedas tardar mucho tiempo en convencerte de que tienes que prescindir de él. Su gran talento enmascara su mala actitud. Además, a menudo tiene influencia en cierto número de colaboradores, lo que lo hace intocable. Es excelente técnicamente, pero sus valores no se adaptan a los de la empresa. Es un potencial que no puede liberarse plenamente en este contexto. Debes redoblar la vigilancia y el valor con este tipo de perfil.

Habla con él para comprender su estado de ánimo real y encontrar una solución constructiva, como mínimo para convertirlo en pasivo. Si su animadversión por la cultura de la empresa es demasiado fuerte, tendrás que prescindir de él con mucha rapidez.

El «apático» (C player / pasivo)

Técnicamente está por debajo de los demás y tampoco aporta gran cosa al colectivo. Ya que no tira del equipo hacia arriba de ninguna manera, habrá que pensar en prescindir de él.

El «neutro» (B player / pasivo)

Pasa por todas partes sin destacar especialmente. De todas formas, es imposible tener solo estrellas en el equipo. A veces, incluso es importante que haya personas intermedias para equilibrar al grupo.

Debes concentrarte en dos preguntas con respecto al «neutro»:

- ¿Cuáles son sus motores para convertirlo en embajador? Si no lo sabes, pregúntaselo.
- ¿Cuál es su potencial para convertirse en *A player*? Si tampoco lo sabes, dale todavía más responsabilidad para que salga de su zona de confort y así verás cómo se desenvuelve.

El «pasta de campeón» (A player / pasivo)

Es un potencial en desarrollo. Intenta comprender cómo puedes comprometerlo más. Entre reconocimiento, sentido, responsabilización y desarrollo, tienes que encontrar la fórmula adecuada para que se realice lo suficiente y se convierta en embajador.

El «voluntarioso» (C player, embajador)

Es menos eficaz que la media del equipo, pero se aplica «a fondo» por la empresa, su misión y sus valores, y tiene una actitud excelente. Lo ideal sería ayudarlo a mejorar su eficacia para que evolucionara de *C* a *B*. Es importante tener una conversación sobre este tema con él.

El «estrella en ascenso» (B player / embajador)

Es un diamante en bruto por tallar. Reflexiona en cómo mantener su nivel de compromiso al máximo y hacerlo evolucionar técnicamente. Hay que sacar provecho de él, probablemente es el futuro pilar de tu equipo. No anules nunca una reunión individual con él, busca tiempo y presupuesto para acompañarlo hacia el estatus de «diamante».

El «diamante» (A player / embajador)

Es la flor y nata, el campeón de los campeones, tira de sus colaboradores y de ti mismo hacia arriba. Tiene la capacidad de atraer a otros talentos como él, así que actúa sin descanso sobre el conjunto de los cinco pilares del compromiso DREAM que hemos visto anteriormente. Dedícale tiempo, anticípate a sus necesidades sin intentar ahogarlo, muy al contrario. Piensa en de qué modo su talento podría ser provechoso para los demás colaboradores y para la compañía. Y procura que brille fuera de las fronteras de tu empresa.

RECUERDA

No voy a poner fin a este capítulo sin unas últimas palabras. Como síntesis general, he reunido aquí los grandes consejos que me han dado con mayor frecuencia para ayudarte a dirigir a tu equipo día a día.

- Haz reuniones individuales cada semana con cada uno de tus colaboradores.
- Estas reuniones no deben ser solo una revisión de los proyectos en curso. Su objetivo es también comprender lo que los miembros de tu equipo tienen en la mente y en el corazón.
- Hacer regularmente *feedback* positivos y de reto a tus colaboradores es tu deber de mánager.
- Debes estar extremadamente atento a las señales débiles de tensión, frustración o desmotivación para actuar deprisa.
- Procura no dejar de lado nunca a los mejores de tu equipo.
- Gestionar a distancia sigue siendo gestionar. Sin embargo, requiere la práctica de una gestión aumentada, dado que, en teletrabajo, las necesidades de los colaboradores están exacerbadas.

Como hemos visto, la labor diaria del mánager no se improvisa. Pero, cuando se dominan las bases y se hace progresar a los colaboradores, es una satisfacción sin límites. De todos modos, no deja de ser un trabajo difícil y una atención de cada instante. En los numerosos encuentros con mánagers experimentados, me han confirmado que el acto de gestión empresarial más difícil de realizar es el de prescindir de un colaborador. No por ello es menos crucial y, por lo tanto, merecía un capítulo entero.

Sexta parte

SEPARARSE

Si el círculo pierde un miembro, el círculo se estrecha.[29]

FAUVE

Las horas de discusión sobre el tema de prescindir de un colaborador me han permitido describir dos perfiles, que he llamado:

- La oveja negra: el colaborador que plantea problemas con un gran riesgo de contagio.
- La oveja descarriada: el colaborador que no encuentra realmente su lugar en el equipo o en la empresa.

1

La oveja negra

La utilización de la matriz Dream Team puede ayudarte a ver las cosas más claras sobre los perfiles que no tienen una buena actitud. Para disponer del mejor colectivo posible, tienes que ser eficaz tanto en la promoción de las actitudes positivas como en la eliminación de los comportamientos nocivos. Lo que llamo oveja negra aquí es un colaborador que no sigue el juego, que no parece estar de acuerdo con los valores de la empresa y que tiene una mala actitud en el día a día.

Actuar lo antes posible

Dejar a un colaborador que no sigue el juego durante demasiado tiempo en la empresa puede tener consecuencias desastrosas en un equipo.

- Disminución de la eficacia a causa de una reducción general del ánimo.

- Disminución de la productividad, porque está demasiado ocupado hablando de la situación en la máquina de café.

- Entrada de otros colaboradores en una espiral negativa.

- Frustraciones, conflictos e incluso dimisiones.

Según la experiencia de los mánagers con los que he hablado, una sola persona puede desestabilizar al conjunto de una empresa de menos de cien personas. Sin embargo, las reacciones y las acciones a menudo tardan mucho tiempo en producirse.

En opinión de los que han colaborado en este libro, cuando el comportamiento de un colaborador no es bueno y, después de un buen acompañamiento por tu parte, continúa planteando problemas, la situación no se arreglará con el tiempo, al contrario.

Prescindir de alguien no es algo que guste a nadie. Nos tapamos los ojos, minimizamos el problema o lo escondemos bajo la alfombra, no hay nada más humano. Pero aquí es donde debe surgir el valor del mánager: hay que ser honesto con uno mismo y actuar. Por otra parte, un *statu quo* demasiado largo no beneficia ni a la empresa ni a la oveja negra. En la mayoría de los casos, el contexto es lo que la vuelve negra. Simplemente, no está en su lugar. Para expresar todo su potencial y tener un impacto positivo sobre su entorno, sería necesario que el colaborador en cuestión buscara su lugar en otra parte. Debes actuar deprisa y encontrar una salida rápida también por su bien.

¿Cómo identificarlos lo antes posible?

Una de las claves del buen mánager es justamente la anticipación.

Apóyate en el rebaño

Debes ser capaz de captar las señales débiles lo antes posible. Una oveja nunca te dirá si es negra o no, pero el resto del rebaño, sí.

La reunión individual es el mejor medio de identificarlas. Presta atención a las dificultades que encuentran tus colaboradores. Muy a menudo, tienen relación con otras personas de la organización. Mantente alerta y, cuando te llegue un nombre varias veces, lanza la alerta.

No olvides responsabilizar a tus equipos muy pronto. Deben ser conscientes de que tienen el deber de estar atentos. Uno de los criterios de un colectivo comprometido es su capacidad de apartarse de un elemento que plantea problemas.

Las preguntas que debes hacerte

Otro método para ayudarte a ver las cosas claras y actuar en consecuencia es plantearte las siguientes preguntas:

- ¿Esta persona tira del equipo hacia arriba?
- ¿Me hace ganar tiempo?
- ¿Me sorprende regularmente de forma positiva?

- Si mañana no estuviera aquí, ¿me sentiría peor?
- ¿Estoy contento de encontrarme a esta persona cada mañana?

Si respondes no a estas preguntas, sin duda ha llegado el momento de actuar.

Dos mantras para quitarte la venda de los ojos

Mantra n.º 1: «It's better to have a hole than an asshole in your team»

Un argumento se presenta regularmente para evitar prescindir de un colaborador que plantea problemas: «No podemos permitirnos dejar este puesto vacío». ¡SIEMPRE es una mala razón! Conservar a una oveja negra siempre será más perjudicial que despedirla y arreglártelas mientras encuentras a un sustituto.

Mantra n.º 2: «Cuando hay una duda, no hay duda»

Tener a un colaborador en el equipo debe ser una evidencia. Si, en tu fuero intento, no estás plenamente convencido de que esta persona tiene todavía un lugar a tu lado, es que tienes que prescindir de ella.

En la mayoría de los casos, el problema constatado no se resuelve; al contrario, se amplifica.

Si tu cabeza te dice que no puedes dejar el puesto en

cuestión vacante y te sabe mal pensar en prescindir de la oveja negra, recurre a tus tripas. Analízate sinceramente. Y, si tus tripas no son unánimes, utiliza este segundo mantra: «Cuando hay una duda, no hay duda».

No enfrentarse al problema no resuelve nada, muy al contrario, lo empeora. Tu deber, como mánager, es dar muestras de valor en la gestión y, por lo tanto, coger el toro por los cuernos. Debido a que demasiados mánagers me han hablado de las veces que han caído en la trampa y han lamentado no haber actuado más pronto, me he permitido darte una pequeña inyección de recuerdo en las páginas siguientes...

♦ IT'S BETTER TO HAVE A HOLE THAN AN ASSHOLE IN YOUR TEAM ♦ IT'S BETTER TO HAVE A HOLE THAN AN ASSHOLE IN YOUR TEAM ♦ IT'S BETTER TO HAVE A HOLE THAN AN ASSHOLE IN YOUR TEAM ♦ IT'S BETTER TO HAVE A HOLE THAN AN ASSHOLE IN YOUR TEAM ♦ IT'S BETTER TO HAVE A HOLE THAN AN ASSHOLE IN YOUR TEAM ♦ IT'S BETTER TO HAVE A HOLE THAN AN ASSHO-LE IN YOUR TEAM ♦ IT'S BETTER TO HAVE A HOLE THAN AN ASSHOLE IN YOUR TEAM ♦ IT'S BETTER TO HAVE A HOLE THAN AN ASSHOLE IN YOUR TEAM ♦ IT'S BETTER TO HAVE A HOLE THAN AN ASSHOLE IN YOUR TEAM ♦ IT'S BETTER TO HAVE A HOLE THAN AN ASSHOLE IN YOUR TEAM ♦ IT'S BETTER TO HAVE A HOLE THAN AN ASSHOLE IN YOUR TEAM ♦ IT'S BETTER TO HAVE A HOLE THAN AN ASSHOLE IN YOUR ♦ TEAM IT'S BETTER TO HAVE A HOLE THAN AN ASSHOLE IN YOUR TEAM ♦ IT'S BETTER TO HAVE A HOLE THAN AN ASSHOLE IN YOUR TEAM ♦ IT'S BETTER TO HAVE A HOLE THAN AN ASSHO-LE IN YOUR TEAM ♦ IT'S BETTER TO HAVE A HOLE THAN AN ASSHOLE IN YOUR TEAM ♦ IT'S BETTER TO HAVE A HOLE THAN AN ASSHOLE IT'S BETTER TO HAVE A HOLE THAN AN ASSHOLE ♦ IT'S BETTER TO HAVE A HOLE IT'S BETTER TO HAVE A HOLE THAN AN ASSHOLE IN YOUR TEAM ♦ IT'S BETTER TO HAVE A HOLE THAN AN ASSHO-LE IN YOUR TEAM ♦ IT'S BETTER TO HAVE A HOLE THAN AN ASSHOLE IN YOUR TEAM ♦ IT'S BETTER TO HAVE A HOLE THAN AN ASSHOLE IN YOUR ♦ TEAM IT'S BETTER TO HAVE A HOLE THAN AN ASSHOLE IN YOUR TEAM ♦ IT'S BETTER TO HAVE A HOLE THAN AN ASSHOLE IN YOUR TEAM ♦ IT'S BETTER TO HAVE A HOLE THAN AN ASSHOLE IN YOUR TEAM ♦ IT'S BETTER TO HAVE...

CUANDO HAY UNA DUDA, NO HAY DUDA ♦ CUANDO HAY
UNA DUDA, NO HAY DUDA ♦ CUANDO HAY UNA DUDA,
NO HAY DUDA ♦ CUANDO HAY UNA DUDA, NO HAY DUDA
♦ CUANDO HAY UNA DUDA, NO HAY DUDA ♦ CUANDO
HAY UNA DUDA, NO HAY DUDA ♦ CUANDO HAY UNA
DUDA, NO HAY DUDA ♦ CUANDO HAY UNA DUDA, NO
HAY DUDA ♦ CUANDO HAY UNA DUDA, NO HAY DUDA ♦
CUANDO HAY UNA DUDA, NO HAY DUDA ♦ CUANDO HAY
UNA DUDA, NO HAY DUDA ♦ CUANDO HAY UNA DUDA,
NO HAY DUDA ♦ CUANDO HAY UNA DUDA, NO HAY DUDA
♦ CUANDO HAY UNA DUDA, NO HAY DUDA ♦ CUANDO
HAY UNA DUDA, NO HAY DUDA ♦ CUANDO HAY UNA
DUDA, NO HAY DUDA ♦ CUANDO HAY UNA DUDA, NO
HAY DUDA ♦ CUANDO HAY UNA DUDA, NO HAY DUDA ♦
CUANDO HAY UNA DUDA, NO HAY DUDA ♦ CUANDO HAY
UNA DUDA, NO HAY DUDA ♦ CUANDO HAY UNA DUDA,
NO HAY DUDA ♦ CUANDO HAY UNA DUDA, NO HAY DUDA
♦ CUANDO HAY UNA DUDA, NO HAY DUDA ♦ CUANDO
HAY UNA DUDA, NO HAY DUDA ♦ CUANDO HAY UNA
DUDA, NO HAY DUDA ♦ CUANDO HAY UNA DUDA, NO
HAY DUDA ♦ CUANDO HAY UNA DUDA, NO HAY DUDA ♦
CUANDO HAY UNA DUDA, NO HAY DUDA ♦ CUANDO HAY
UNA DUDA, NO HAY DUDA ♦ CUANDO HAY UNA DUDA,
NO HAY DUDA ♦ CUANDO HAY UNA DUDA, NO HAY DUDA
♦ CUANDO HAY UNA DUDA, NO HAY DUDA ♦ CUANDO
HAY UNA DUDA, NO HAY DUDA ♦ CUANDO HAY UNA
DUDA, NO HAY DUDA ♦ CUANDO HAY UNA DUDA, NO
HAY DUDA ♦ CUANDO HAY UNA DUDA, NO HAY DUDA ♦
CUANDO HAY UNA DUDA, NO HAY DUDA ♦ CUANDO HAY
UNA DUDA, NO HAY DUDA ♦ CUANDO HAY UNA DUDA,
NO HAY DUDA ♦ CUANDO HAY UNA DUDA, NO HAY...

El método de las tres reuniones

Ahora estás al cien por cien convencido de que hay un colaborador que ya no conviene tener en el equipo. Una vez más, recuerda que el hecho de no actuar no beneficia a nadie y, sobre todo, al colaborador en cuestión.

La primera etapa consiste en discutir sobre el mejor plan de acción que debe ponerse en marcha con la dirección de recursos humanos y un consejo jurídico.

Para preparar su potencial partida, pero, sobre todo, para darle una oportunidad de corregir el tiro, veamos un método del que me han hablado varias veces y que se ha mostrado eficaz: el método de las tres reuniones.

1. Recibe una primera vez a la persona en cuestión para presentarle un reenfoque basándote en el método CID detallado en la página 299, «Reenfoca sin temblar». Tómate el tiempo de hacer una recapitulación por email inmediatamente después de esta reunión para asentar lo que habéis dicho. Planifica ya un segundo encuentro como máximo un mes más tarde para actualizar la evolución del problema.

2. Si el problema persiste, esta segunda reunión será un nuevo motivo de reenfoque, con una nueva recapitulación por email.

3. Advierte a la persona de que, si el problema no se soluciona como máximo en un mes, la tercera reunión por desgracia será el encuentro previo al despido.

Esta regla de las tres reuniones permite enmarcar las cosas y no dejar que la situación degenere, a la vez que da una oportunidad al colaborador de rectificar.

Avanzar hacia una salida buena para todos

Atención, los consejos de este libro proceden de la experiencia de cientos de mánagers. En ningún caso son consejos jurídicos para gestionar situaciones de desacuerdo. Antes de actuar, ponte en contacto con un consejero jurídico digno de confianza.

Muy a menudo, el colaborador que plantea problemas no se encuentra cómodo con su situación. Siente que existe un foso entre él y la empresa y hay que ser consciente de que probablemente es un periodo de sufrimiento también para él.

Tu principal objetivo debe ser encontrar una salida rápida y lo más colaborativa posible. Sacar el hacha de guerra no le será provechoso en el futuro. Cuando busque otro trabajo y su potencial futuro empleador te llame para saber lo que piensas de él, puede resultarle doloroso.

Si sientes que la situación se descontrola, hazle comprender sutilmente este aspecto. Si la situación degenera, las recomendaciones de los mánagers con los que he hablado son unánimes: es mejor que el colaborador deje de acudir físicamente a la oficina y que el asunto se solucione a distancia.

Una vez más, la influencia de un colaborador con el que estás en conflicto podría ser muy nociva a muy corto plazo para el resto del equipo.

Todo el mundo se sentirá mejor —y él el primero— si dejáis de veros todos los días.

Debes intentar siempre encontrar una solución amistosa, incluso si es costosa económicamente. El coste psicológico de una situación de conflicto que se alarga no debe pasarse por alto.

Comunicarlo rápidamente a los otros colaboradores

La anticipación es uno de los rasgos de carácter claves del mánager. Ser transparente sobre la situación durante la regla de las tres reuniones es indispensable para tranquilizar y mantener un clima de confianza en los equipos. Hazlo con la mayor rapidez posible para atajar cualquier rumor negativo que pueda extenderse como un reguero de pólvora.

Hay que dedicar un tiempo a explicar por qué has decidido prescindir de la persona, evidentemente siendo muy factual (nunca con ataques a la persona en cuestión y sin decir él/ella), poniendo de relieve las consecuencias sobre el resto del equipo («el trabajo que no se hace habría acabado recayendo en algunos de vosotros», «la eficacia del equipo habría disminuido») y resaltando los valores de la empresa («el valor de la benevolencia ya no era compartido»).

2

La oveja descarriada

La persona a la que he decidido llamar la oveja descarriada es el colaborador que ha vivido una bonita historia en el seno de la empresa, pero ya no encuentra realmente su lugar en ella, ya no está conectado con su talento o ha perdido fuelle. El origen del fenómeno son cambios de organización, de estrategia o de cultura que hacen que se encuentre fuera de lugar. Veamos algunos consejos de mánagers experimentados que han tenido que gestionar esta situación.

Actúa deprisa

Es importante no dejar que las cosas se prolonguen. Si las relaciones con el colaborador todavía son excelentes, debes aprovechar para hacer evolucionar la situación de manera constructiva antes de que esta se tense.

Desdramatiza la situación

Si has recorrido una buena parte del camino con este colaborador, le debes una transparencia absoluta. Recíbelo en persona para abordar abiertamente la situación. Describe lo que sientes o lo que observas. Sé sincero y auténtico.

Destaca que, justamente en nombre de ese camino que habéis recorrido juntos, debéis ser capaces de discutir libremente sobre el asunto y reflexionar para hallar una solución. Haz que se sienta cómodo desdramatizando la situación. Explícale que es normal que se sienta un poco perdido y agobiado en un contexto que ha cambiado. Acepta tu parte de responsabilidad para darle muestras de humildad y de empatía. Sin embargo, tampoco se trata de marear la perdiz. Sé claro con él y explícale el impacto que puede tener esta situación para ti y para el equipo.

Intenta comprender cómo vive la situación

Para avanzar de manera constructiva, debes intentar comprender sinceramente cómo ve él las cosas. Para ello, puedes recurrir al tríptico: cabeza, corazón y tripas. Pregúntale cómo analiza la situación (cabeza), cómo la siente (corazón) y cómo la vive (tripas). Esto te permitirá comprender sus miedos y sus deseos. Por último, pregúntale si ha reflexionado en las soluciones. Si no habla de ninguna, invítalo a encontrarlas para la próxima reunión individual.

Propón soluciones

En función de lo que te diga, no reacciones en caliente ni te comprometas a la ligera. Dale las gracias por su transparencia. Recuérdale que estáis en el mismo campo, que estás ahí para ayudarlo y que, sea cual sea su decisión, la respetarás y lo ayudarás.

Después, tómate el tiempo de reflexionar tranquilamente en unas soluciones realistas para proponerle. Si no están totalmente en tu mano, busca tiempo para hablar con las personas adecuadas para validar o no su factibilidad.

Veamos unos ejemplos de soluciones posibles:

- La evolución hacia un nuevo puesto.
- *Coaching* u otro tipo de acompañamiento para ayudarlo a cambiar de empresa con facilidad.
- Compartir tu agenda de contactos para ayudarlo a encontrar más fácilmente una nueva aventura profesional.
- Una carta de recomendación.

Después de haber visto cómo prescindir de manera constructiva de ciertos colaboradores, abordaremos ahora la fase de salida voluntaria de un colaborador: el *offboarding*.

3

El *offboarding*

Afortunadamente, la mayoría de los colaboradores dejan la empresa en contextos mucho más tranquilos que los que hemos descrito antes. Pero, hablando con decenas de mánagers sobre el tema del *offboarding*, es decir, la fase de partida de un colaborador, me he dado cuenta de hasta qué punto es el pariente pobre de la gestión empresarial. A menudo, se reduce a «una fiesta de despedida y después se va».

Cuidar esta etapa es esencial por muchas razones, porque alegrar la partida de un colaborador permite...

- Transformarlo en embajador de tu equipo y de tu empresa. Tendrá tendencia a recomendar con mucha más fuerza a su entorno que se una a la empresa y, de forma especial, a tu equipo.
- Saber más sobre su experiencia de colaborador y tener un *feedback* transparente y, por lo tanto, interesante, sobre su misión y sus colegas.
- Reforzar la sensación de pertenencia de los que se quedan. Al ver la atención que prestas a los que se marchan, comprenderán que el enfoque global que adoptas res-

pecto a ellos a diario no es egoísta. En suma, reforzar la relación de confianza que tienes con ellos solo tiene ventajas.

- Anticiparse a un efecto bumerán. Nadie sabe lo que le deparará el futuro. El mundo es pequeño y quizá te verás obligado a colaborar de nuevo con esta persona, así que es mejor que guarde un buen recuerdo de ti.

Veamos la actitud recomendada cuando un colaborador te indica que quiere marcharse.

Acoge positivamente la noticia

Como mánager o asalariado, forzosamente tienes en mente esta situación: la de un colaborador que va a ver a su mánager y le lanza un: «¿Tienes cinco minutos? Me gustaría hablar contigo, es importante». Es el equivalente al «Tenemos que hablar...» de las relaciones amorosas.

En solo unas palabras, el mánager comprende que el colaborador le va a anunciar su dimisión. Pero, en lugar de descomponerte y tener el corazón roto como después de una ruptura, puedes ver las cosas de otra manera.

Es muy fácil de leer, pero no tan fácil de hacer, así que es recomendable verlo como una oportunidad: la de revisar tu organización, aportar sangre nueva al equipo, considerar tus prioridades o también volver a comprometer al colaborador, si es posible y pertinente.

Como ante cualquier noticia, debes ver el lado positivo, el vaso medio lleno. Intenta transmitir el máximo de energía positiva, eso aliviará al colaborador, porque anunciar la dimisión siempre es un momento estresante. Y eso facilitará la continuación de la conversación.

Comprende

Normalmente, si has hecho reuniones individuales con frecuencia, esta noticia no debe pillarte por sorpresa. No obstante, tómate el tiempo de escuchar y profundizar en las razones de su partida.

Si de todos modos quieres intentar conservarlo, no le propongas un cambio de puesto, una promoción a mánager o experto, un aumento salarial o una movilidad geográfica de manera unilateral. Simplemente pregúntale: «¿Hay algo que pueda hacer para que te quedes con nosotros?».

De todos modos, debes saber que, en general, un colaborador que te anuncia su dimisión ya tiene la cabeza en otra parte. En todos los casos, sobre todo no intentes influir en él despreciando su opción de marcharse. Al contrario, si realmente ha tomado esta decisión, pregúntale sobre su futuro profesional, apóyalo en su decisión, valoriza el trabajo que ha hecho a tu lado y tranquilízalo señalando sus puntos fuertes como bazas para la continuación de su carrera. Tu actitud positiva lo incitará a tener una postura constructiva sobre las condiciones de su partida.

Busca un acuerdo sobre el periodo de preaviso

Si se confirma la partida, se planteará el tema del preaviso. Debes encontrar un compromiso bueno para todos. El colaborador, en general, quiere reducir su plazo de preaviso y el mánager que asegure una finalización adecuada para la empresa (traspaso de competencias a un recién llegado o finalización de un proyecto en curso).

En todos los casos, conservar demasiado tiempo a alguien que tiene la cabeza en otro sitio no tiene sentido. Corres el riesgo de que arrastre a otros colaboradores en su desvinculación. Una vez más, este periodo será el último recuerdo del colaborador y debe percibirse de manera positiva para transformarlo en embajador en lugar de verlo marchar con un sabor amargo.

Haz una reunión de *offboarding*

Prevé una reunión larga (una hora como mínimo) con el colaborador para hacer un balance general de su experiencia. Generalmente, en estos momentos es cuando más caen las máscaras y se desatan las lenguas. Para incitar a la confidencia, no vaciles en hacer esta reunión en un marco más informal, fuera de la empresa.

Aprovecha este momento para aprender más sobre los temas siguientes:

- Su relación contigo, para mejorar como mánager:

    —incítalo a hablarte de su percepción de tus puntos fuertes y de los aspectos que debes mejorar;
    —si le cuesta abrirse sobre este tema, pregúntale si ha habido momentos en los que lo has sorprendido positivamente y, al contrario, lo has decepcionado o herido especialmente;

—no dudes en explicarle que sus opiniones te permitirán mejorar en tus relaciones con los que se quedan y con las próximas generaciones de colaboradores.

- Su relación con los demás:

  —pregúntale quiénes son los colegas con los que el trabajo le ha resultado más agradable;
  —a la inversa, pregúntale con quién ha sido más difícil;
  —es importante que esta reunión no se convierta en un momento de delación, sino en una información constructiva con el objetivo de mejorar las cosas. Es una gran ocasión para identificar eventuales ovejas negras.

- Su relación con su labor:

  —pídele que haga una retrospectiva de su paso por la empresa;
  —intenta profundizar en lo que valoraba más y menos de su puesto;
  —pregúntale lo que le habría gustado que le dijeran antes de acceder a su puesto o, lo que viene a ser lo mismo, qué consejo le daría al próximo colaborador que lo sustituya;
  —pregúntale claramente cuáles han sido las mayores dificultades que se ha encontrado y lo que habrías podido hacer mejor para ayudarlo a superarlas;
  —por último, pídele sus recomendaciones para mejorar el funcionamiento del equipo.

Para que esta conversación sea lo más eficaz posible, pídele que prepare estos puntos y mándale las preguntas que quieras hacerle antes de la reunión.

Tres consejos para generar confianza.

1. No escribas preguntas que se refieran a su relación con los colegas, le harás estas preguntas el día D verbalmente.
2. No le pidas que te mande sus respuestas por email. Dejar una huella escrita le daría miedo y no se abriría tanto como verbalmente.
3. No tomes notas cuando hable de uno de sus colegas, correrías el riesgo de que tuviera miedo —con toda la razón— de la futura utilización de tus notas.

También debes preparar esta conversación por tu parte. Reflexiona sobre el principal mensaje que quieres transmitirle, háblale de las anécdotas que se refieren a él y que te han marcado especialmente, recuérdale sus puntos fuertes y sus aspectos mejorables, los avances realizados y los consejos que puedas darle para la continuación de su desarrollo profesional.

No olvides que es el último momento en que podrás tener un impacto positivo sobre él como mánager.

Concédele un último presupuesto

¿Por qué ver una partida como una mala noticia? Al contrario, debes convertirla en una oportunidad para estrechar los lazos con los que se quedan. Confía al colaborador que se marcha un presupuesto que le permita organizar una actividad original o una cena agradable con el equipo. Responsabilización, placer, sorpresa, cohesión..., esta práctica es una herramienta muy poderosa de compromiso de los que se quedan y permite transformar al que se marcha en un superembajador de su equipo y de la empresa entera.

La antifiesta de despedida

Con no poco humor, algunas empresas no esperan a que se marche uno de los colaboradores para celebrarlo. Organizan de vez en cuando fiestas de «Estamos aquí», lo contrario a una fiesta de despedida, es decir, un momento para celebrar la colaboración todavía en curso con sus equipos actuales.

Celebra dignamente su partida

Asegúrate de que unos colaboradores se ocupen de reunir un bote para los regalos de despedida. Propón tu ayuda para la organización de la fiesta de despedida, sugiere ideas de regalos, en suma, muéstrate implicado en el proceso. Prepara un pequeño discurso para su partida con el fin de poner en valor su recorrido y desearle lo mejor para la continuación. Además, si puedes, intenta que asistan mánagers de posiciones superiores, para valorizar más al colaborador que se va. También te recomendamos, además de los regalos comunes, que le ofrezcas una pequeña atención personalizada en relación con las conversaciones que hayas tenido con él cara a cara (un libro de desarrollo personal sobre un tema ya abordado con él, un regalo relacionado con una de sus pasiones...).

Para ir más lejos, formalízale un *feedback* por escrito. Aunque ya le hayas expresado todo esto durante la reunión de *offboarding*, tómate el tiempo de hacerlo, por qué no, de forma manuscrita. Los escritos permanecen, las palabras se desvanecen. La carta manuscrita hará que el proceso sea todavía más auténtico y personal. Hay muchas posibilidades de que el colaborador la conserve y la relea muchos años más tarde. Tu impacto sobre su recorrido y el recuerdo que le dejarás serán mucho más fuertes y duraderos.

El *wall of fame*

En una *start-up* del universo de la música, cada vez que un colaborador se marcha, se pega un bonito cartel del artista preferido del que se va en la recepción, para que lo firme con sus fechas de llegada y de salida de la empresa. Es una bonita manera de festejar la partida de sus colaboradores en coherencia con su cultura de empresa, pero, sobre todo, de festejar su paso por el equipo. Te invitamos a inventar tu propio ritual de partida de un colaborador que se adapte a tu cultura de empresa.

Conserva la relación

El mundo es pequeño y nunca se sabe qué nos deparará el futuro. Para mantener la relación con él, introduce sus datos personales en tu base de contactos. Esto te permitirá mandarle de vez en cuando noticias de la empresa, tus necesidades de contratación o tus actos. Puedes ir más lejos, según el tamaño de tu empresa, y formar una comunidad de antiguos colaboradores, al estilo de los antiguos alumnos, que puedes movilizar para que capten candidatos, den testimonio de su paso por tu empresa o incluso te aporten negocio.

En todos los casos, no olvides invitarlos a tus actos formales e informales. Y, si realmente quieres marcar la diferencia, prevé el envío, justo al cabo de un año, de un pequeño regalo acompañado de una nota. Efecto «¡Uaauu!» garantizado.

Para concluir este capítulo, quiero citar las palabras de la Madre Teresa, que escribió: «No dejes que nadie se acerque a ti sin que al irse sea mejor y más feliz».[30] Describe perfectamente lo que debe ser el objetivo de la fase de *offboarding*.

RECUERDA

No voy a dar por finalizado este capítulo sin unas últimas palabras. Como síntesis general, he reunido aquí los principales consejos que con mayor frecuencia me han dado sobre el tema de la marcha de los colaboradores.

- Cuando hay una duda, no hay duda.
- *It's better to have a hole than an asshole in your team.*
- No se hace un favor a un colaborador que plantea problemas no prescindiendo de él.
- Si la relación se vuelve demasiado conflictiva con un colaborador, siempre es preferible que no acuda más a las oficinas de la empresa para no degradar el ambiente general.
- La marcha de un colaborador debe cuidarse tanto como su llegada.
- Cuando un colaborador dimite, tu principal misión consiste en transformarlo en un futuro embajador.

Agradecimientos

Una vez me dijeron que los agradecimientos eran una de las partes más leídas de un libro. Espero que sea el caso en este, porque lo que tienes en las manos es un increíble trabajo de equipo. Por lo tanto, ha llegado el momento de presentarte a mi propio Dream Team, el que ha hecho posible este proyecto.

De entrada, un agradecimiento muy especial a algunas personas que han dado mucho de su tiempo para este proyecto, sobre todo: Bérénice Germain, Lorraine Girodon, Olivier Rossi, Élise Lopez, Barbara Dupuy, Benjamin Filou, Violaine Fontaine, Charline Mesnard, Maxence Nivert, Olivier Berthelemy, Julien Gantheret, Éric Girodon, Danièle Girodon, Pierre Cabanettes y Tigrane Seydoux. Gracias por vuestro tiempo y vuestro apoyo tan valiosos. Al redactar esta lista, me dije que realmente tengo mucha suerte de estar tan bien rodeado.

Mis felicitaciones a Luna Clément, a quien debo la magnífica cubierta del libro.

Gracias también a todo el Dream Team de ediciones Marabout, que siempre ha creído en el potencial de este libro.

Por último y sobre todo, un agradecimiento inmenso a todos aquellos sin los que este proyecto no habría sido posible: los que han contribuido en el libro.

Mánagers, fundadores, dirigentes, directores de recursos humanos, *coachs:* varios centenares me han hablado de su experiencia. Me ha impresionado su generosidad y su humildad. Esta es una lista exhaustiva de todos los hombres y las mujeres que me han desvelado sus secretos:

Emmanuel Abramowicz; Damien Adam; Xavier Aguera; Nicolas Aimé-Appert; Kahina Ait; Maxime Alay-Eddine; Olivier Albahary; Faissal Alioua; Éric Allodi; Jean-Pierre Alloiteau; Clément Alteresco; Bertrand Altmayer; Muriel Alvarez; Geoffroy d'Anglejan; Anne Anquetin; Pascale Arlapen; Ruben Assouline; Sophie Aubard; Rémi Aubert; Mikael Aubertin; Alexandre Aumand; Yael Aziza; Jonathan Azoulay; Manelle Baba; Matthieu Babinet; Cécile Baete; Noélie Balez; Claire Balva; David Baranes; Chantal Barata; Christophe Baratier; Marie Barbier; François Barbier; Vincent Barbier; Benoît Bardon; Carole Bartoli; Isabelle Bastide; Théo Bataille; Matthieu Batteur; Gérard Bayol; Olivia Bazin; Thibaut Bechetoille; Alexandre Bellity; Dali Ben Aleya; Emilie Benet; Éric Benhaim; Fabienne Benoist; Guillaume Benoit; Jacques Bentz; Agnès Bernard; François Bernard; Pierre Bernat; Antoine Berthelemy; Émilie Berthelot; Aurélie Berthon; Jérôme de Béru; Marialya Bestougeff; Nicolas Beuvaden; Anne Bitz; Gwenaëlle Bizot; Laurent Blandin; Kathrin Bolz; Arnaud Bonnefoi; Anaïs Bonnet; Tiphaine Bordier; Anne Boucher; Cyril Boucher; Zakaryae Boudi; Maxime Bouget; Nicolas Boulay; Véronique Bourez; Matthieu Bourgeaux; Hortense Bourgois; Aurélie Boutboul; Matthieu Bouteiller; Jean-Xavier Bouxom; Quentin Brackers de Hugo; François Bracq; Thomas Brémard; Maxime Brousse; Geoffrey Bruyère; Antoine Bungert; Marc Burden; Nelson Burton; Camille Buss; Charlotte Cadé; Étienne Caldichoury; Pierre-Henri Caquelin; Julien Carla; Stéphanie Carpentier; Charles Casal; Clément Castelli; Damien Catani; Camille Caubrière; Karim Chaib; Éric Chambriard; Julie Chane Ching; Philippe de Chanville; Élodie Charbonnier; Thomas Chardin; Benjamin Charles; Thibaut Chary; David Chassagne; Xavier Chauvin; Louis Chevant; Hubert Cherene; Olivier Chini; Bertrand Christophe; Dorian Ciavarella; Patricia Cipressini; Olivia Claudeville; Grégory Clément; Jean-Marc Cleyet; Claude Cohen; André Coisne; Éric Coisne; Claire-Lise Colin; Hélène Colon; Frédéric Commandeur; Aurélien Corveste; Julien Cote; Romain Coti; Axel Cotten; Valérie Crousse; Aurore Cuffi; Badia Dhaif; Geoffroy Darrieus; Philippe Desage; Magali Déchelette; Alix Declercq; Antoine Decreme; Thierry Decroix; Matthieu Delapalme; Marie Delattre; Camille Delgado; Coraline Delmaestro; Audrey Delort-Laval; Alain Delsupexhe; Léopold Denis; Camille Denoy; Sébastien Derrien; Pierre-Olivier Desaulle; Olivier Desolle; Clément Destoumieux; Jérôme Devosse; Maxime d'Hauteville; Caroline Didier Thominet; Damien Douat; Alizée Doumerc; Christophe Drouillat; Jonathan Droulez; Cathy Droucheau Pernod; Vincent Drye; Victor Dubillot; Julien Dubois; Benjamin Dubois; Émilie Ducroq; Philippe Duflot (agente de seguros-consultor Siaci Saint Honoré); Julian Dufoulon; Stéphane Dugue; Frédéric Duponchel; Catherine Duprat Jolly; Vincent Dupuis; Rémi Durand; Arthur d'Yvoire; Alison Eastaway; Ridha Elarbi; Aldric Emié; Matthieu Escande; Grégoire Even; Édouard Eyglunent; Thomas Faizant; Gwenaëlle Favre; Timothée Ferras; Laurianne Ferté d'Hoir; Farida Fichy; Timothée Filliette; Antoinette Fine; Didier Finn; Claire Forest; Marjorie Fourcade; Guillaume Fradet; Hugues Franc; Rodolphe Frege; Laurence Frenkiel; Ronan de Fressenel; Jérôme Friteau; Gaëlle Frizon de La Motte; Alexis de Galembert; Denis Gantheret; Julien Gantheret; Alexis Garcia; Agnès Gardelle; Jean-Denis Garo; Chrysoline de Gastines; Léonard Gaucher; Johan Gautier; Constance Gennari; Caroline Gentien; Isabelle George; Cédric Gérard; Hadrien Gerbal; Hervé Gerlier; Domitille Germain; Jean-Pierre Germain; Aymard de Germini; Charles-Édouard Girard; Aurélie Giraud; Thierry Glimaire; Thierry Gloaguen; Philippe Goetzmann; Dan Gomplewicz; Leonid Goncharov; Arnaud Gosset-Grainville; Maude Gourand; Laurence Grandcolas; Rudy Guénaire; Laure Guérin; Arnaud Guérin; Oualid Guerroui; Baptiste Guez; Pascal Guezeno; Florent Guignard; Fabien Guillossou; Pierre Guiu; Jean-Baptiste Guthertz; Sylvie Haldi; Lucas Hamet; Lucile Hamon; Hervé Hannebicque; Clara Hardy; Sam Hassar; Camille Hédin; Clément Henry; Alexandre Hidier; Eugénie Hirtz; Jean-Baptiste Hubert; Johan Hufnagel; Grégoire Hugon; Patrice Hutin; Alexandre Jacques; Daniel Jarjoura; Stéphane Jean; Clément Jeanneau; Christophe Joly; Pierre Joly; Fabiana Jordan; Christian Jourdier; Henri Jousse; Laurent Julienne; Catherine Kable; Véra Kempf; Sabine Kerbidi; Yanis Kerdjana; Renaud de Kergolais; Arthur de Keyzer; Isabelle Kirchner; Louis Martial Kool; Aïda Koné; Alexis Krycève; Loubna Ksibi; Ivann Kumagangue; Éric La Bonnardière; Béryl de Labouchère; Sylvie Lachkar; Pauline Laigneau; Léopold Lanne; David Lansale; Florence Lapierre; Marion de Lasteyrie; Matthieu Laudereau; Youenn

Laumelais; Enzo Laurent; Marie-Martine Laurenzatto; Erell Le Bouedec; Nicolas Le Douarec; Axel Le Pomellec; Ronan Le Saout; Laurianne Lechalony; Brice Lecompte; Gaspard Lefèvre; Thérèse Lemarchand; Pierre Leroux; Briac Lescure; Béatrice Lévêque; Éric Levy; Cristina Lima; Olivier Lliberia; Bertrand Lobry; Wayne Lockhart; Maëlle Loisil; Nathan Londadjim; Yoann Lopez (director de marketing de Comet); Antoine Loredo; Régine Love Moukete; Manon de Luca; Ségolène Lucas; Gaspard Luciano; Gautier Machelon; Thibaut Machet; Emmanuelle Magnan; Arnaud Maillard; Jérôme Maitre; Loïse Malarme; Hugo Manoukian; Axel Manoukian; Laure Marandon; Édouard de Marolles; Camille Marc Dura; Renaud Martellon; Sarah Martineau; Giuseppe de Martino; Agathe Martinot; Loïc Marzin; Roland Massenet; Paul-Henri Masson; Magali Mattelon; Isabelle Maudet; Maëlle Mauget; Baptiste Maurel; Aymeric Mautin; Camille de Mazières; Kim Mazzilli; Aurélien de Meaux; Vincent Merlet; Guillaume Mery; Thibaut Meslay; Astrid Meslier; Baudoin de Metz; Bruno Meurisse; Benjamin Michel; Julien Milano; Édouard Minart; Grégory Mollet-Vieville; Laurence Monchaux; Pierre Monclos; Cédric Monnier; Pénélope Montazel; Frank Morcant; Jean Moreau; Marine Morel; Étienne Morin; Nicolas Morschl; Camille Morvan; Guillaume Motte; Hortense Motte Sauvard; Pierre Mousnier; Vincent Muraire; Guillaume de Murard; Sara Naitslimane; Brendan Natral; Luc Negri; Matthieu Neirinck; Mathilde Nésau; Cyril Neves; Alexandre Nguyen; Natacha Niox-Chateau; Mathieu Nohet; Jérôme Nouveau; Youssef Oudahman; Marion Oudot; Caroline Pailloux; Beena Paradin; Maxime Pari; Nicolas Pasquier; Charles Passereau; Walter Patanella; Aurore Paul; Khatia Paulmier; Victor Payan; Fany Péchiodat; Mélanie Peirera; Martine Pelier; François-Xavier Pellet; Vincent Péquignot; Charles Perez; Philippine Pérouse; Alice Perraut; Édouard Peyruseigt; Charles Pfister; Bertrand Picard; Maxime Pierre; Gérard Pinot; Camille Pinoteau; Patrick Plein; Marc-Antoine Poisson; Benoit Pollet; Vincent Pourchet; Jean-David Poussin; Stanislas de Quercize; Yannig Raffenel; Romain Rainaut; Sandrine Rampont; Pierre Raoult; Dorine Ratovo; Pauline Raud; François Raynaud de Fitte; Évelyne Revellat; Florence Ribes; Marylène Ricci; Hervé Righenzi de Villers; David Rivoire; Nicolas Rohr; Paul Roll; Patrick Roméo; Alexandre Roudeau; Pierre Rougier (sociedad EDTO); Alexis Roux de Bézieux; Vanessa Rozanes; Augustin Rudigoz; Jérôme Sabatier; Thibault de Saint Blancard; Clément Saint Olive; Cyrille Saint Olive; Agnès Salom; Luc Sananes; Julien de Sanctis; Pascal Sandifort; Thomas Sarazain; Jean-Marc Satta; Lionel Sayag; Philippe Schmidt; Claire Schnoering; Sabine Schott; Arthur Schulz; Basile Segalen; Renaud Seligmann; Marie Sermadiras; Aurélien Seux; Tigrane Seydoux; Mallorie Sia; Eliott Siegler; Élisabeth Simon Roussel; Charlotte Sineau; Arnaud Siraudin; Olivier Sivori; Laetitia Soriano; Donia Souad Amamra; Mathieu Souchet; Elvira de Souza; Alexandre Stachtchenko; Marlène Staiger; Matthieu Stefani; Marie Stoclet Bardon; Gabriel Strauss; Jacques-Henri Strubel; Alexandre Suermondt; Astrid Suermondt; Julien Sylvain; Jérôme Taieb; Magali Tauber Caillieux; Ken Teisseire; Christophe Tellier; Arnaud de Terline; Alexandra Thiltgès; Charlène Thouard; Dylan Thuillier; Sylvain Tillon; Kévin Tilly; Gabriella Toscan du Plantier; Denis-Pierre Touboul; Emmanuel Trivin; Archibald Troprès; Christopher de Trouve Ton Job; Édouard Trucy (sociedad Pandacraft); Camille Tyan; Guillaume Ung; Renaud Vaillant; Marc Valerius de Beffort; Cyril Valtat; Charles Van Haecke; Isabelle Van Steenbrugghe; Sophie Vannier; Thomas Venturini; Sophie Vernay; Quentin Vervhille; Antoine Vettes; Isabelle Viellard; Laurent Vimont; Sandrine Virbel; Nicolas Von Nagel; Flaubert Vuillier; Angélique Wan; Julien Watry; Armelle Weisman; Lisa Welmarz; Jean-Benoist Werth; Ugo Weyl; Astrid Wilmotte; Marc Wolff; Constantin Wolfrom; Sébastien Worms; Julien Wouters; Antoine Yeretzian; Stephen Zana; Philippe Zourabichvili.

Notas

1. Estudio Gallup, 2015.

2. Estudio ADP, sociedad de gestión del capital humano, 2018.

3. Álbum *On ne change pas*, Columbia – 82876726212, Sony BMG Music Entertainment – 82876726212.

4. «Es mejor tener un agujero en el equipo que un "gilipollas".»

5. Hombre de negocios británico, fundador del grupo Virgin.

6. Éditions Ballantine Books, 2008.

7. Estudio «candidats vs recruteurs», RégionsJob, 2016.

8. Estudio Career Builder, 2017.

9. Estudio Easyrecrue, 2016.

10. Estudio RégionsJob, 2017.

11. Locución latina que significa «la suerte está echada».

12. Actor estadounidense y activista contra la guerra.

13. «Help New Hires Succeed: Beat the Statistics», SHR, abril de 2007.

14. Del acuerdo verbal a la llegada a los locales.

15. Estudio Gallup, 2018.

16. Versión francesa: *Commencer par pourquoi. Comment les grands leaders nous inspirent à passer à l'action*, Éditions Performance, 2015.

17. Estudio «La reconnaissance au travail», Moodwork, febrero de 2022.

18. *Los 5 lenguajes del amor*, Unilit, 2017.

19. Q12 Research, Gallup, 2015.

20. Porcentaje de renovación del personal de una empresa.

21. Q12 Research, Gallup, 2015.

22. Estudio Losada & Heaphy, 2004.

23. *3 kifs par jour*, Éditions Marabout, 2014.

24. Estudio Partena, 2017.

25. *La Semaine de 4 heures*, Éditions Person (trad. esp. *La semana laboral de 4 horas*, RBA).

26. *Les mots sont des fenêtres*, Éditions La Découverte, segunda edición en 2004.

27. *Emotions of Normal People*, Éditions Cooper Press.

28. Estudio Perfony, 2014.

29. Extracto de «Cock Music Smart music / Rag #1», EP *Blizzard*.

30. *Dans le silence du coeur*, Éditions du Cerf, 2003.